国境を守る7つの道

「三匹の子ぶた」に見る安全保障

THE SEVEN WAYS OF DEFENDING NATIONAL SECURITY AND FRONTIER

著 加藤ジェームズ

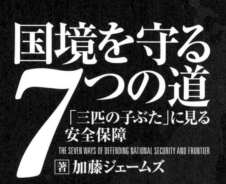

はじめに

「安全保障」という単語を見聞きすると、それだけで構えてしまう方も多いと思います。

戦争、流血といった怖いイメージを持たれていたり、基地問題、反対闘争など非常に繊細な政治的問題もあり、近寄り難い存在というパターンもあるでしょう。

また、A2/AD、オフショア・コントロール、第一列島線、エアシー・バトル、イージスシステム、イージス・アショア、C4Iシステム、BMDシステムなどの専門用語を次々と用いて、専門家が激しい議論を闘わせても、多くの人にとっては異言語、異文化の世界で、こちらも近寄り難い世界となります。専門用語がある以上、専門家同士が専門用語で議論を交わすことは通常のこととはいえ、多くの方に聞いていただいてこそ議論が深まりますので、人々を安全保障の議論の場から遠ざけてしまう専門用語を多用する議論の進め方は、安全保障論者の反省すべき点といえます。

はじめに

それらも含め、「安全保障」を遠い世界にしてしまうのは、多くの方の日常生活からは遠く離れた世界の話であり、「身近ではない」と感じているからではないでしょうか。今この瞬間も、世界では紛争があり、戦争が起こり、少なくない人の生命が危機に瀕しています。

しかし、第二次世界大戦から70年以上が過ぎ、その間平和を享受してきた日本では、戦争も戦闘も、自分たちの日常にはかかわらない、どこか遠い世界の話、と感じている部分はあります。日本で「戦後」という単語を用いた場合、それは１９４５年の第二次世界大戦の終結後の時代を指します。しかし、世界では「第二次世界大戦後」「ベトナム戦争後」「湾岸戦争後」「イラク戦争後」など、しっかりと戦争名を明示しなければ通じません。それだけ世界は戦争を経験し、兵器も兵隊も身近な存在となっています。

もちろん、「戦争が身近ではない」ことは、非常に恵まれたことであり、これからの日本もそうあり続けたいと思います。しかし、「戦争が身近ではない」ことと、「安全保障が身近ではない」こととは実は大きく異なります。

「安全保障」の議論がカバーする範囲は、軍事関係に留まらず、実は非常に広範にわたります。そして、その多くは私たちの生活に密着した身近な存在です。それは、安全保障の定義を見ていくと分かります。

「安全保障」というと軍事的に捉えられ、「攻撃的」と勘違いされてしまいますが、本質的には「守備的」です。「安全を保障」するための基本は「守る」ということとなります。

安全保障＝「守る」

最も簡単な定義ではこうなるでしょう。しかし、これだけでは文章は完成せず、ここには主語も目的語も存在しません。もう少し安全保障の定義を詳しく構築していくと、「A」が「守る」となっていきます。Aは守る主体が入りますので、「父」でもいいですし、「警備員」でもいいです。ただ、本書では国家安全保障を論じていく予定ですので、ここは「国家」としたいと思います。

安全保障＝「国家」が「守る」

少し安全保障論っぽくなってきました。しかし、まだこれでは漠然とし過ぎていますので、目的語などを加えていきます。「何から守るのか」「何を守るのか」「どうやって守るのか」――これらが加わることで文章に説得力が増していきます。

安全保障＝「国家」が「国家に脅威をもたらす敵」から「領域・国民・国民の財産」を「守る」

これで国家安全保障の大枠を説明することができたと思います。「どうやって守るのか」に関しては、それぞれの状況に応じた最適な対応があるでしょうから、一概には言えませんが、この中のオプションに「軍事力」があるということであり、国家の安全を保障するために軍事的行動が先にある、ということではありません。

そして、これは国家安全保障についての説明となりますので、国家が先に立ちましたが、「警備員が泥棒から家の安全を駆け付けて守る」でも、「手洗い・うがいで冬の風邪から体を守る」でも、「安全を保障する」という文脈において広く応用ができます。

そして、「家の安全」という言葉が登場しましたが、国家安全保障でさえ、全ての基本は個々人の安全の確保がスタート地点となります。警備員が泥棒から家を守ることも、警察が暴漢から地域を守ることも、軍隊が外敵から国家を守ることも、対象とする守備範囲が違うだけであり、安全を保障する基本概念は同じです。

私たちの日常生活の中で、軍隊によって外敵から日々守られている国家安全保障は、普段は目にする機会が少なく、多少遠い存在となってしまいますが、警察が地域を巡回し治安を確保していることも、警備員や父親、番犬などが自宅を守っている身近な安全・安心も、安全保障の一部なのです。

また、話を国家安全保障に戻しても、「国家に脅威をもたらす敵」の部分において、「どのような脅威」を「どのような手段」でもたらすのかによって、「どうやって守るのか」という方法論は変化します。領土に対する脅威を軍事的手段でもたらす場合、防衛の方法も軍事的手段が上位オプションとなります。

はじめに

しかし、脅威とは必ずしも軍事的な脅威だけではありません。国家には多様な脅威が存在します。今日の世界を見渡しても、経済封鎖による経済的な脅威、資源・エネルギーの禁輸によるエネルギー的脅威、大使の召還や包囲網形成などの外交的脅威、特定言語の禁止による文化的脅威など、多様な脅威が世界中で対立の火種となっています。そして、それらは全て国家の安全に直結する、安全保障の問題なのです。

そしてこれらの問題は、私たちの日常的な生活に関わる、非常に身近な問題でもあります。私たちが使う電気も、口にしている食料も、輸入される海外製品も、私たちの日常を豊かにさせてくれる存在であり、欠かせないものですが、これらは国家の安全保障に直接的に関わる問題でもあります。このような状況の中で、国家は直面する脅威に対して、なるべく軍事的オプションを使うことなく、脅威を排除し、安全を保障すべく、体制を整えていきます。

本書では、最新の安全保障研究や、難しい専門用語の解説をするのではなく、私たちの日常生活に密接し、身近な存在である安全保障を、非軍事的な7つの要素から考察していきたいと思います。

身近な安全保障を考える上で、非常に分かりやすく安全保障を解説してくれる『三匹の子豚』の物語をモチーフに話を進めていきたいと思います。

『三匹の子豚』は古くからあるおとぎ話ですので、時代によって多くのバージョンがありますが、最も有名なものはディズニーの映画バージョンではないでしょうか。物語では、長兄の子豚は藁で家を建て、次兄の子豚は木で家を建てます。家を建て終わった2匹の子豚は楽器を演奏しながら末弟の子豚が建てている最中のレンガ造りの家に来てからかいます。

しかし、ビッグ・バッド・ウルフが子豚たちを食べにやってきます。長兄の藁の家は狼のひと吹きで吹き飛んでしまい、長兄は危うく次兄の木の家に逃れます。ところが、その次兄の家も狼のひと吹きで吹き飛んでしまい、二匹の子豚は末弟のレンガ造りの家に逃れます。狼はレンガ造りの家も吹き飛ばそうとしますが、レンガの家はビクともしません。そこで、煙突を見付けた狼は煙突からの侵入を試みますが、煙突の下では末弟が釜で松精油を炊いています。見事釜に落ちた狼は大やけどを負いながら逃げ去っていき、三匹の子豚は危機を脱します。

はじめに

この物語は、ディズニーのオリジナル作品ではなく、物語自体は18世紀には出版されていた西洋の民間伝承おとぎ話のひとつです。当初のバージョンでは、長兄、次兄は狼に食べられてしまい、その狼も熱せられた油に落ち、末弟に食べられてしまうというものでしたが、時代と共に柔らかい展開と結末に変化していきます。そしておとぎ話である以上、そこには教訓があるのですが、勤勉な人ほど最後には事を成す、というものとなります。

しかし、安全保障的には、もう少し深くこの物語を掘り下げることで、多くの安全保障的視点と教訓を得ることができます。

軍事的側面からいえば、第一に、防御を固めていなければ（レンガ造りの家でなければ）、簡単に防衛線は破られてしまい、国家も国民も危険な状況に陥り、そして国民の財産（藁や木の家）は失われてしまう、ということがいえます。

そして第二に、狼が何度もレンガ造りの家を吹き飛ばそうとしてもビクともしなかったにもかかわらず、狼は諦めることなく、次に煙突からの侵入を試みます。つまり、防御を固めてさえいれば敵の攻撃をやり過ごせる訳ではない、という教訓を得る

はじめに

ことができます。狼が侵入を諦め逃げ出したのは、油で釜茹《かまゆ》でにされかけたからであり、防衛における攻撃性（釜茹で）の重要性をこの物語は示唆しています。

安全保障の理論に、「抑止の3条件」というものがあります。相手に耐えがたい損害を与える「報復能力」、実際にその報復能力を使用する「意志」、直面している事態に対する「相互認識」の3つが揃うことで、抑止力となるとされます。寄らば斬る、という強い意志を帯刀しながら見せ、相手側も不用意に近付けば斬られることを認識することで、衝突が生まれなくなります。抜かぬためにこそ太刀を持つのが安全保障、抑止の基本となります。

『三匹の子豚』の中でも、子豚にできる反撃法として、煙突下での釜炊きという「報復能力」を有し、それを実際に「意志」を持って使用し、一度釜茹でにされかけたことで、狼がその危険性と意志を認識したからこそ、子豚たちに平穏な日が訪れることとなりました。

おとぎ話の中から引き出すことのできる安全保障的教訓ですが、その他にも直接的には明示されてはいない物語の背景や条件などを考察することで、軍事的側面以外の安全保障的教訓を引き出すことができます。

本書では、『三匹の子豚』をモチーフに用いながら、「国境」「経済」「貿易」「科学技術」「教育」「外交」「文化」の7つの安全保障的教訓を引き出し、国家安全保障も実は私たちの生活に非常に近いところにある身近な存在であることを論じたいと思います。

東西冷戦も終結し、ソ連が崩壊することで、アメリカを中心とする資本主義、民主主義体制が世界の主流となり、世界は平和へと向かうとの期待をもって迎えた21世紀ですが、2001年9月11日には米国同時多発テロが発生し、世界は「テロとの戦争」という新たな脅威に直面することになります。

国家対国家の戦争ではない、「テロとの戦争」では、世界に安全な地域はなくなりました。また、その戦争の過程において、アフガニスタンやイラクの政権が倒れ、新たなテロリズムの本拠地となっていきました。さらに、2010年から発生したアラブの春と呼ばれるアラブ地域における大規模な反政府デモをきっかけに、アラブ地域のいくつかの政権が倒れたり不安定化したりすることで、世界は混沌とした状況となりました。

その上、ソ連崩壊後のショックから立ち直り、力を回復したロシアがクリミア半島を併合し、ウクライナとの緊張を高めたり、北方領土への主張を強めたりしつつ、理論上無限に飛行できる原子力ミサイルを開発するなど軍事面での存在感も高め、旧東側諸国圏における影響力を拡大しています。

一方、中国も21世紀に入り積極的に海洋進出を図るなど、「テロとの戦争」だけではなく、国家間の緊張も近年高まりを見せています。

そのような不安定化する世界の安全保障環境だからこそ、安全保障とは何なのか、専門的な視点からだけではなく、私たちの生活という身近な視点から、考えてみたいと思います。

目次

CONTENTS

THE SEVEN WAYS OF DEFENDING NATIONAL SECURITY AND FRONTIER

国境を守る7つの道

「三匹の子ぶた」に見る安全保障

第2の道　経済論
日本は本当に軍事大国か

第3の道

貿易論

改めて中国の脅威を直視せよ

第4の道

科学技術論

「戦場無人化時代」の課題

第5の道

教育論

感情論抜きの「国家防衛教育」

第6の道

外交論

話し合いという名の「戦争」

第7の道

――文化・プロパガンダ論

エンターテインメントに潜む印象操作

SEVEN

1

WAYS

―― 第1の道 ――

国境論

「国家」の定義とは一体なにか

THE SEVEN WAYS
OF DEFENDING NATIONAL SECURITY AND FRONTIER

周辺国の力関係で常に変化してきた国境

三匹の子豚の末弟は、レンガ造りの家を造り、狼を撃退しました。彼は家の中にいる分には安全であることを証明しましたが、では庭先ではどうでしょう。普段狼が近くに現れていなければ、末弟は自由に家を出て庭先で遊ぶことも畑作業をすることもできるでしょう。そこに柵があれば、その柵から内側は末弟の家の領域として認識されることになると思います。

しかし、そこに狼が再び現れたらどうなるでしょうか。恐らく子豚たちはレンガ造りの家の中に入り、狼に備えることになると思います。一方の狼も、前回と同じ轍を踏まぬように家への侵入を試みることなく、近所や庭に入り込むだけだったと仮定します。すると、三匹の子豚たちには狼を自力で撃退する術はなく、再び煙突から侵入を試みる狼を大鍋で茹でて撃退するか、自主的に去るのを待つしかありません。狼が庭で畑のものを食べていたり、昼寝をしていても戦力差から追い返すことはできず、三匹は庭に出ることができません。つまり、狼がいない環境においては末弟の領域だった庭も、狼が近くにいるという環境の変化によって、その土地で自由に過ごす権

SEVEN
1
WAYS

第1の道

国境論

「国家」の定義とは一体なにか

利が狼のものへと移ります。

この自分たちの安全を保障できる、安全を確保できる領域の境界線が「国境」となります。1648年に締結されたウェストファリア条約以降、国境の内側に対する権利は保障されてきましたが、それ以前もそれ以降も、世界史の中の国境の存在は周辺国の力関係によって変化してきました。

紛争の地クリミア

2014年、ウクライナに属していたクリミア半島において「クリミア危機」が勃発します。ロシアとウクライナが、ウクライナの政変を巡って対立し、それはクリミア半島の帰属を巡る政治的対立にまで発展します。その後、3月16日のクリミア半島での住民投票を経て、ウクライナ領内の自治共和国だったクリミア共和国とセヴァストポリ特別市は独立並びにロシアへの編入を決議、3月18日にはロシアに編入する条約に調印します。しかし、一連の過程が一方的であるとして、ウクライナは承認せず、現在も対立は続いています。

この問題においては、ウクライナ、ロシア双方が「固有の領土」というフレーズを用いて正当性を主張します。では、どちらかの「固有の領土」の主張は嘘なのでしょうか？　**クリミア半島のロシア編入を支持する・支持しないに関わらず、双方の主張は共に正しく、そして共に嘘でもある、と、冷静にクリミア半島の歴史を読み解けば、双方の主張は共に正しく、そして共に嘘でもある、ということができます。**

先の三匹の子豚の例を用いれば、末弟は家の周囲に柵を立てて、その内側は我が家の領域であると主張しています。一方の狼の方も、子豚がいるいないに関わらず、自由に普段から行き来している場所であるから、自分の縄張りだと主張します。しかし、このクリミア半島には、その他にも、「子豚君や狼君が来る前からこの辺りは遊び場だったよ」と主張する古狸や、「そういえばその辺りで昔よく草を食べたよ」と主張する馬も登場してきます。この例を頭に置きながら、クリミア半島の歴史を見ていきたいと思います。

クリミアの歴史は紛争の歴史

クリミア半島は、紀元前1世紀にはローマ帝国に併合されますが、その後は周辺地域の様々な民族や国家によって支配されます。**そんなクリミアの歴史に大きな転換点をもたらすのが1239年にこの地を征服したモンゴル帝国の存在です。**

チンギス・ハンの長男ジョチの一族が興したキプチャク・ハン国がヨーロッパにまで侵攻し、クリミア半島もその勢力下に置きます。細かい記述は省きますが、ジョチの次男バトゥがジョチの跡を継ぎ、正式にキプチャク・ハン国を興し、ジョチの13男であるトカ・テムルの子孫が1441年にクリミア・ハン国を興し独立します。このモンゴル系諸国による支配の中で、タタール人がクリミア半島へと移り住むようになります。

しかし、そのクリミア・ハン国ですが、1475年にはオスマン帝国の属国となります。高度な自治を保っていたため、クリミア・ハン国として存続はしていきますが、オスマン帝国の影響下で歴史を紡いでいくこととなります。

その後、1686〜1700年の露土戦争によって、ロシアはキプチャク・ハン国

クリミア半島史

紀元前	ボスポロス王国　ギリシャ系王国
紀元前１世紀	ローマ帝国
（諸民族支配）	
10世紀～	キエフ王国
1239年	モンゴル帝国　タタール人移住　ロシア貢納開始
1274～1281年	元寇
1441年	クリミア・ハン国独立
1475年	オスマン帝国支配下へ
1700年	ロシア納貢から解放
1774年	露土戦争終結　オスマン帝国支配権を失う
1783年	クリミア・ハン国ロシア編入
1853～56年	クリミア戦争
1921年	ソビエト連邦内自治共和国
1944年	スターリン、タタール人追放
1954年	クリミアをロシアからウクライナへ移管
1991年	ウクライナ独立（クリミア含む）
2014年	クリミア危機：ロシアへの再編入 ウクライナ非承認

に敗れて以来、クリミア・ハン国に納めてきた貢納から解放され、続く１７７４年の露土戦争にも敗れたオスマン帝国は、クリミア・ハン国の宗主権を放棄させられ、１７８３年にクリミア・ハン国はロシアに併合させられ滅亡します。

ロシアが革命によりソ連に変わると、クリミアもソ連邦の一部となり、自治共和国を経てロシア内クリミア州となります。この時期に13世紀以来この地に暮らしてきたタタール人がスターリンによって追放され、代わりにスラブ系住民が移住し、民族浄化が行われます。やがて、ソ連邦を形成していたウクライナへの融和策の一環として、クリミア半島はウクライナに移管されます。そして１９９１年のウクライナ独立と共にクリミア半島もウクライナ領となり、１９９２年からはウクライナ国内のクリミア自治共和国として２０１４年のクリミア危機を迎えることとなります。

そもそも「固有の領土」とはなにか

さて、このクリミア半島の歴史から見えてくるのは、「固有の領土」とはなんだろう、という疑問です。

モンゴル帝国

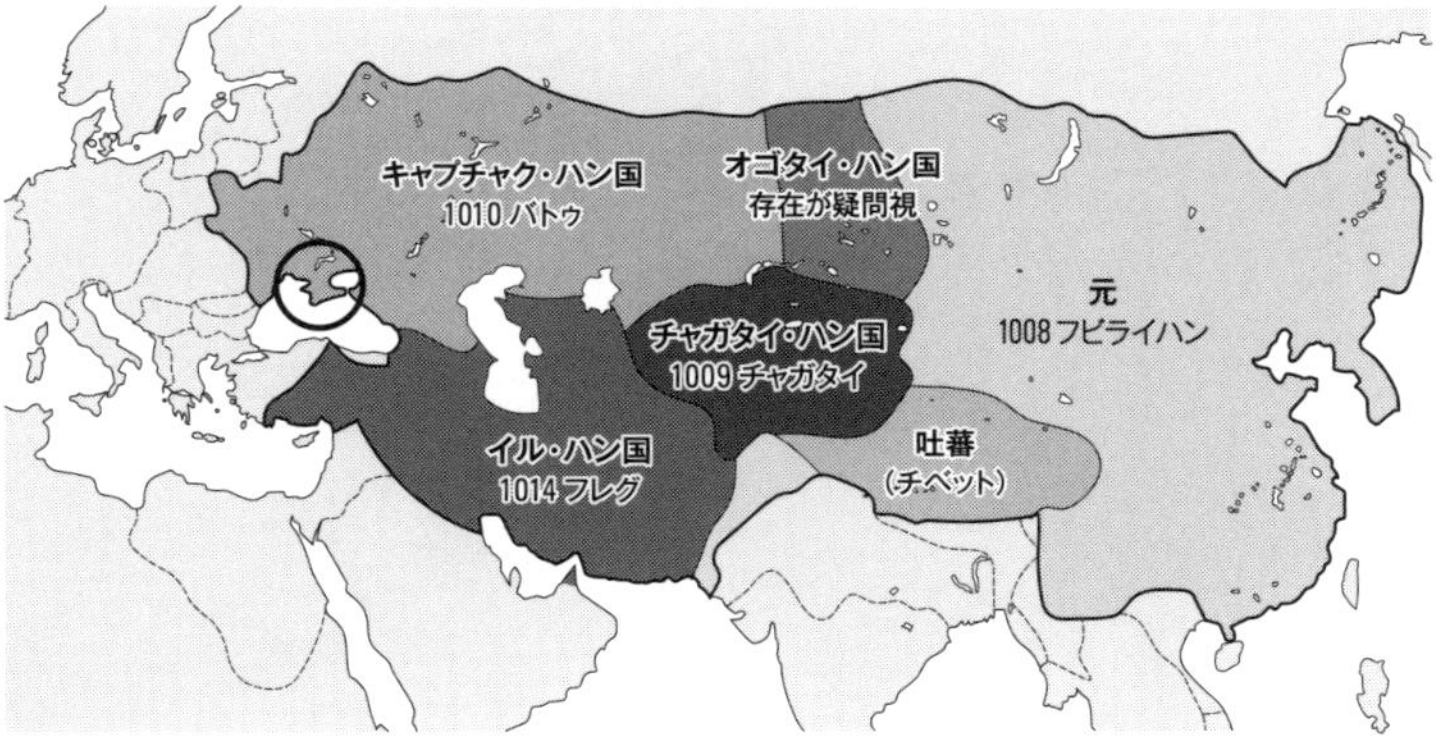

ロシア、ウクライナ双方が「固有の領土」を主張する根源は、「キエフ大公国」の存在です。現ウクライナの首都キエフを中心に栄えたキエフ大公国は、正式名称を「ルーシ」といいます。最大版図ではクリミア半島も領有した同国ですが、ロシア、ウクライナ双方がこのキエフ大公国の後継国家を自称しています。ウクライナは首都をキエフとする国家として。ロシアは「ルーシ」のラテン語 Ruscia の名称を継承する国家として。

しかし、1240年にそのキエフ大公国はモンゴル帝国の襲来によっ

オスマントルコの最大領土

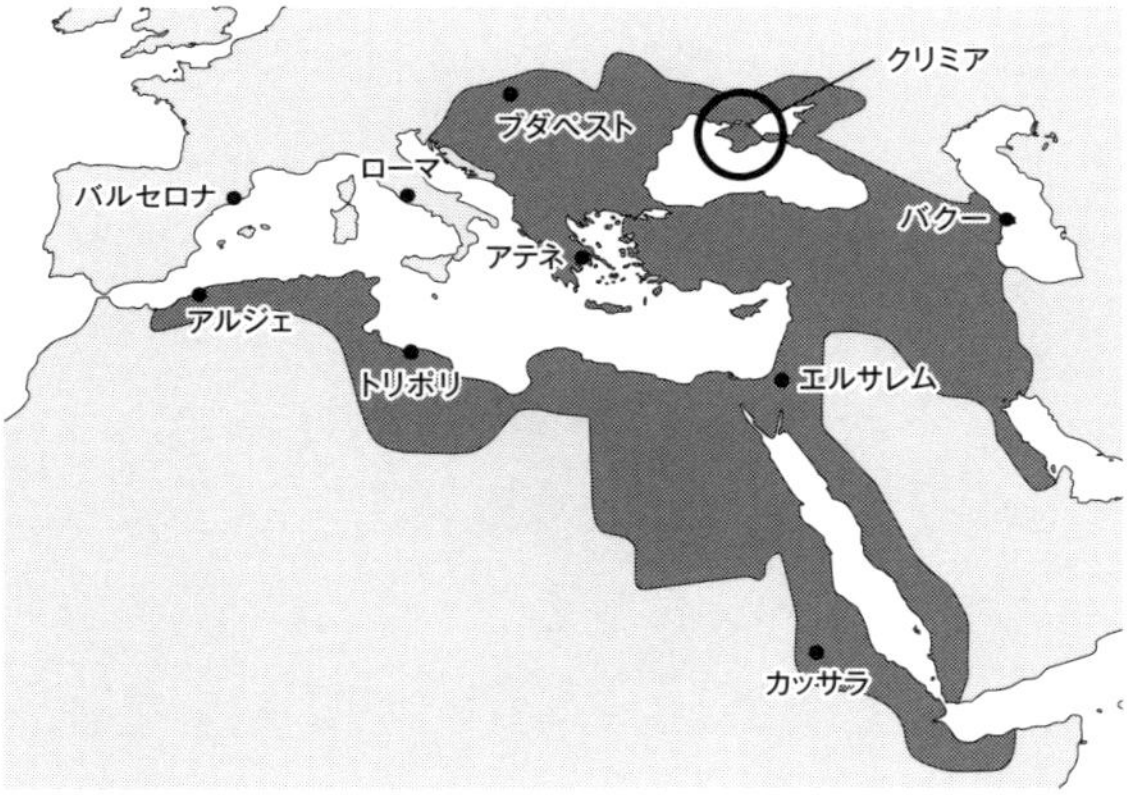

ロシア・ウクライナ

て滅び、クリミアの地は500年以上にわたって一義的にはモンゴル系国家として、支配下ということでは300年以上にわたってオスマントルコの支配下にありました。この両国が「固有の領土」と主張しても、筋は通るでしょう。

また、ウェストファリア条約以降の国境の概念が強くなってからの歴史を正当性の根拠にするにせよ、たしかにロシアは正式にクリミア半島を編入していますが、そのロシア帝国はすでに滅び、ソ連を経て、そのソ連も崩壊していますので、「固有」という正当性を誰が持つのかははっきりとしません。言い換えれば、誰もがクリミア半島を固有に有してはこなかったともいえます。歴史だけが重要なのであれば、ローマ帝国のイタリアやギリシャ系国家としてのギリシャも名乗りを上げることができます。

これが「領土」の本質です。クリミア半島の支配権は、ギリシャ系国家からローマ帝国を経て、各民族の支配、キエフ大公国、モンゴル帝国、クリミア・ハン国、トルコ、ロシア、ソ連、ウクライナと変わってきました。そのうち現存する国家はトルコ、ウクライナ、そして現在実効支配している「ソ連崩壊後に誕生した」現ロシアだけです。領土とは、弱肉強食の国際社会の中で、力によって支配権を確立した国家が統治する範囲を指すのであって、「歴史的固有の領土」などというものは文字の上での言葉では存在しても、歴史の中には存在しません。自国が実効支配している地域を失った国家は、無情にも歴史に消えた多くの国家同様、領土を失い国家は歴史の中にのみ存在することとなります。

ポーランドの場合

国境がいかに脆弱《ぜいじゃく》な存在であるのか、国境線が移動し、時には国家を失ったポーランドの歴史から見ていきたいと思います。

ポーランドは966年、地元を治めていた族長がキリスト教へと改宗したことにより、ポーランド公国として成立します。992年、族長の息子ボレスワフ1世が跡を継ぎますが、この992年が後のポーランドに大きな影響を与えますので、そのことを頭に置いたまま歴史を前に進めていきます。1025年、ボレスワフ1世の死去直前に、ポーランド公国はポーランド王国となります。

その後、ポーランドもまたモンゴル帝国のキプチャク・ハン国を興したバトゥ軍と戦い、敗れています。それでも、そのままモンゴル帝国に支配されることはなく、

SEVEN 1 WAYS

第1の道

国境論

「国家」の定義とは一体なにか

ポーランド王国は存続し、16世紀には「ポーランド＝リトアニア共和国」として最大版図を得ることになります。現在のポーランドだけでなく、バルト三国、ウクライナ、ベラルーシあたりまでが領域でした。この時期には統一国家としてのドイツやイタリアは存在せず、オランダもスイスもまだ独立前であり、ヨーロッパの大国のひとつとしてポーランドが存在していました。

しかし、東にロシア、西にプロイセン、南からオーストリアと接するポーランドでは、一度国力が低下すると、外国からの干渉と戦争が避けられなくなります。**わずか23年の間に3カ国による3度の領土分割を受け、1795年にポーランド王国は消滅します。**ここに「ポーランド」という国家は歴史の中に消えていくこととなりました。1939年にナチスドイツが侵攻し、第二次世界大戦のきっかけを作ったポーランドの誕生は、20世紀まで待つこととなります。

第一次世界大戦期、ロシア革命が起き、革命政権はドイツに対してポーランド地域などの領有権放棄の条約を締結します。しかし、そのドイツが第一次世界大戦に敗れ、多くの領土を失ったことで、ポーランドの地に力の空白が出現します。1918年、ポーランド共和国が誕生し、再び歴史教科書から国際政治の表舞台へと返り咲きます。

さらに、共和国は現ポーランド領域から東へと侵攻。リトアニア、ベラルーシ、ウクライナに侵攻し、かつての領域を取り戻す勢いで勢力を拡大させ、ソ連との間で国境線を画定させます。

そして1939年、18世紀にポーランドを分割した両国が再び手を結びます。プロイセンはその後ドイツ帝国の中核となりますが、ベルサイユ条約の結果、プロイセン時代の領域の多くもポーランドへ割譲され、そのポーランド領によって東プロイセン地域はドイツ本国と切り離される結果となっていました。ドイツとしてはこの領域は「固有の領土」と主張することもできる地域となります。そして、ソ連としては、革命の混乱の中で新生ポーランドに侵攻され取られた地域であり、ドイツと分割する価値は十分にあり、利害が一致しました。ドイツ、スロヴァキア、ソ連、リトアニアがポーランドに侵攻し、再び国家が消滅することとなりました。

この時、ソ連が獲得を主張した地域が、第一次世界大戦後にポーランドがソ連に侵攻して切り取った地域なので、かつてプロイセン、ロシアで分割した地域を同じようにドイツ、ソ連で分割した密約でした。

しかし、その後独ソ戦が始まり、ドイツが第二次世界大戦で敗れるに至り、ポーラ

ポーランドの領土変遷

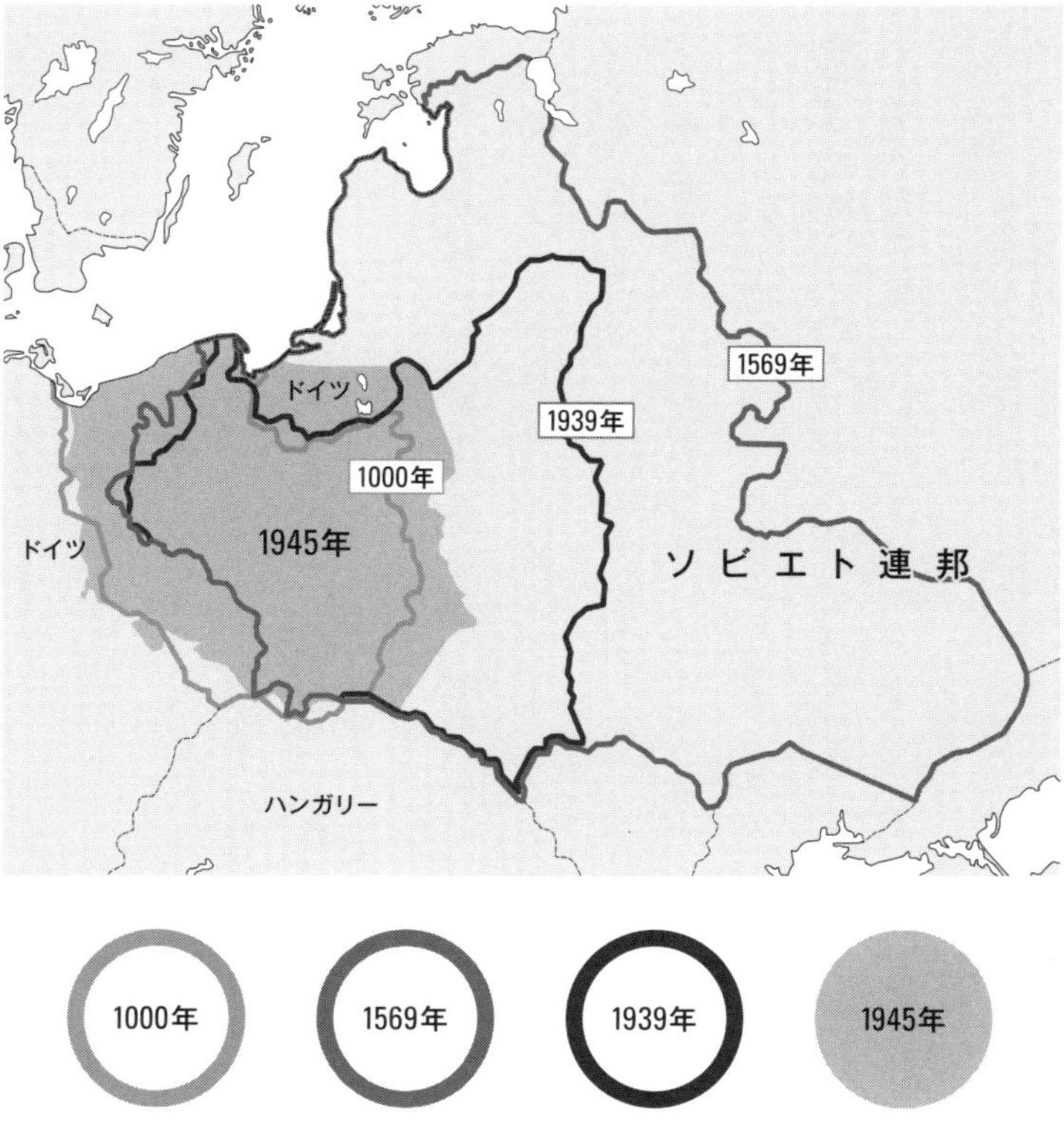
ドイツ
1569年
1939年
1000年
1945年
ドイツ
ソビエト連邦
ハンガリー
1000年
1569年
1939年
1945年

ンドは三度国際政治の表舞台に返り咲くこととなります。ただし、この時は旧ポーランド共和国の系譜では無く、ソ連を後ろ盾とした共産国家ポーランドとしての建国となります。そのため、ポーランド・ソ連国境は最もソ連領が大きくなる第一次世界大戦直後の国境線となりますが、その時のソ連側の主張の正当性が992年のボレスワフ1世が確定させたポーランド公国領の東の国境でした。まさに「固有の領土」が境界線となった形です。

一方、1939年の国境線に比べて小さくなった東側ですが、ドイツと国境を接する西側では、ドイツ領の多くを獲得します。現在のポーランド領の3分の1は第二次世界大戦前のドイツ領となります。

このポーランドの領土変遷は、「固有の領土」などは存在せず、国境という存在は国家同士の力関係の上で揺れ動く、非常に危うい存在であることを示しています。ヨーロッパの一地方を席巻する地域大国から、国家の消滅、国家の領域の東から西への移動と、国境の非不変性を示しています。

元寇《げんこう》と日本の国境

ここまで述べてきたように、大陸では目まぐるしい領土の変遷がありますが、日本人は国境を不変なものとして捉えがちです。それは、海が天然の要害として、そして国境として日本を有史以来守ってきたからです。

長い日本の歴史の中で、陸上に国境線を有した経験は古代史の一時期と明治維新後の大陸進出以降であり、多くの時代では、海が国境となり周辺国から切り離されてきました。そして2000年や3000年という単位の中では、海は不変の存在であり、**「外国」を指す言葉として日本には「海外」という単語があるように、不変の海の向こうこそが異国として歴史を紡いできました。**その結果、日本人は「国境は不変」という概念を持ってしまいがちとなります。

もちろん、不変の海が国境を兼ねていたことによるメリットは大きく、日本人はそれを享受してきました。先の例のモンゴル帝国は、1239年にはクリミア半島に達し、続いてポーランドもその攻勢に晒されています。しかし、日本に蒙古が襲来したのは1274年であり、クリミア半島に達する30年以上後のこととなります。陸続き

元寇のルート

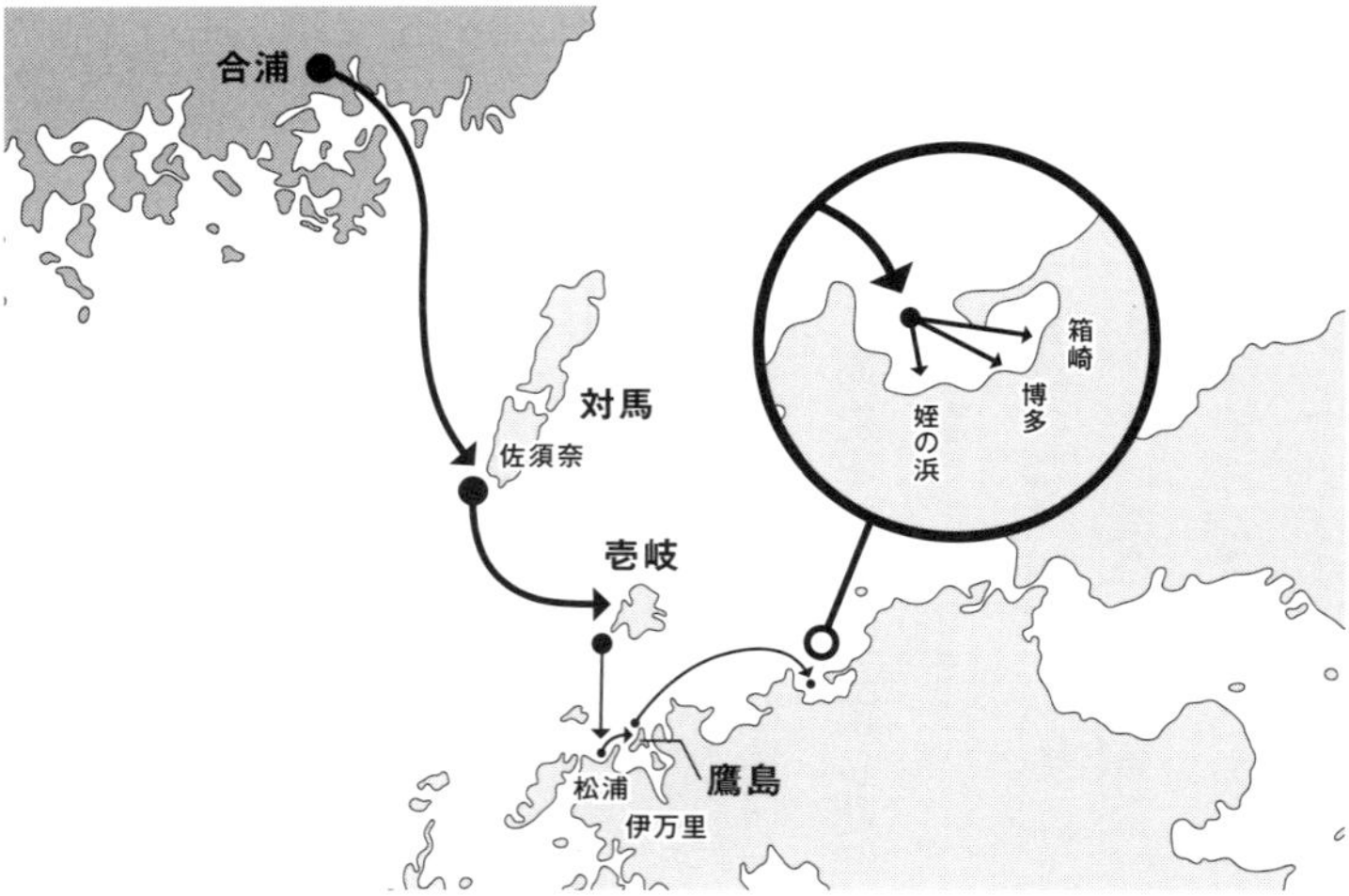

だからこそ進出は早くなり、国境の定義も存在も曖昧となります。

　そして、この元寇における日本の認識もまた、日本人の国境に対する認識の一端を示しています。

　この元寇に関しては、「神風」によって撃退、という印象を強く持っていると思います。つまり、日本側は大きな被害を受けることなく、気象の天祐もあり元が撤退したと思っていますが、博多上陸前に襲撃された対馬《つしま》、壱岐《いき》、松浦《まつうら》などは武士、住民共に散々に討たれ、子供らは捕虜とされ連れ去られ、集落は焼き払われる惨状となっています。そして、対馬、壱岐は二度目の弘安の役でも同様に襲撃を受けています。それでも、日本史の教科書的記述の中において、**元は神風で撤退、と被害を小さく思ってしまうのは、対馬や壱岐が海の向こうであることと無関係ではないでしょう。**

「海」が作った日本人の国境観

元寇から遡ること200年あまり、1019年に満州の女真族《じょしんぞく》（刀伊《とい》）による「刀伊の入寇」が起こります。この時、壱岐では島民35人を除き殺害、または連れ去られてしまう惨状となります。また9世紀には「新羅《しらき》の入寇」が相次ぎ、そのどれもが対馬、壱岐が最前線となり、甚大な被害を受けています。

もちろん、これらの襲撃に対して朝廷は防人《さきもり》を配置したり、大陸国家に対する外交政策にも影響を与えたりしています。しかし、数百年にわたる伝統的最前線にしては、対馬の防備は脆弱なものであったといえます。また、文永の役の後、元寇防塁を博多や松浦には築かれますが対馬や壱岐には築かれませんでした。

海という天然の要害が日本を守り、その不変の要害がそのまま国境として機能していたため、日本人は長く国境を目にすることがありませんでした。海の向こうに異国がある――その感覚は強く日本人の中にありました。

このことを裏付けるように、新羅の入寇が起こっていた貞観《じょうがん》期（859〜877年）、朝廷は伊勢神宮などに「日本は神国であり、神々の加護によって外国の侵略は寄せ付けない」との意の奉幣を行い、この時期に編纂《へんさん》された貞観儀式の中に、当時の日本の国境観が見て取れます。そこには「陸奥国（東北地方）以東、値嘉島《ちかのしま》（五島列島）以西、土佐国（高知県）以南、佐渡国以北」を穢《けが》れた疫鬼の住む処とし、神々が加護する日本の範囲を本州、四国、九州並びに五島列島、対馬、壱岐などとしています。

ここから分かることは、日本人が海を境界線として使ってきたことです。当時から青森の先津軽海峡の向こうに北海道は認識していたでしょう。鹿児島の先に琉球諸島、台湾と続くことも情報として入っていたと思います。

しかし、そこに進出していくのではなく、そこにある海を境界にし、さらに神々による結界まで設けて自分たちの土地とそうでない土地を分けました。そこに、大地が続き、安全を保障できる境界線の設定が難しい大陸国家との大きな違いとして民族性に表れると思います。

モンゴルを出て僅か数年でポーランドにまで達してしまう大陸国家と、目の前に見える島や陸さえも海を隔てて神の加護の及ばない土地とする島国では、国境に対する価値観、そこに見出す非不変性は大きく異なります。

このため、日本人が守るべきは「この海のこちら側」となり、対馬や壱岐は神々の守る土地ではあるものの、朝廷や幕府による防備も、その後の「日本が受けた被害」という感覚においても、多少過小評価されてしまうのかもしれません。

とはいえ、**陸の国境であれ、海の国境であれ、近隣諸国の力関係の中で変化するものであることに変わりはありません。**

明治維新を迎え、鹿児島の海の向こうに、沖縄、台湾、さらに南方へと国境は進みました。本土からは見えない八丈島のさらに向こう、小笠原諸島、マリアナ諸島、さらに南方へと進み、北方は北海道、千島列島と津軽海峡の向こう側の実効支配地域が拡大、対馬の先朝鮮半島、満州と進出し陸の国境を持つようになります。そして、第二次世界大戦を経て日本はその多くを失うこととなりました。

それでも、2000年の時を刻んできた日本人が伝統的に見てきた海は、第二次世界大戦を経ても異国との境でした。幸運なことに本州の真ん中に国境線が引かれることも、関門海峡に国境線が引かれることもありませんでした。

北方領土も「海の向こう」

そして現在、日本が抱えている領土問題はやはり海の向こうにあります。沖縄県の尖閣諸島、島根県の竹島、北海道の北方領土等、海にある国境問題ですが、古代、中世の頃と問題の性質が異なるのは、領土と国境が持つ意味が変わったことにあります。国と国とを分ける国境ですが、現在では陸上の国境の他に、海上の国境、空中にある国境もあります。それぞれ、領土・領海・領空となり、そこには地下資源、水産資源を含めた権利が発生しています。

さらに、日本が伝統的に国境としてきた海上には、1973年の国連海洋法会議において、基線から12海里の「領海」、そしてその外側に基線から200海里の「排他的経済水域」が設定されました。このことによって、「領土」と同様の権利を有する「領海」、そしてその領土と領海の上空に設定された「領空」が誕生。そして他国の船舶の自由航行は認められているものの、海上・海中・海底・地下資源や、そのエネ

日本の領土・EEZ

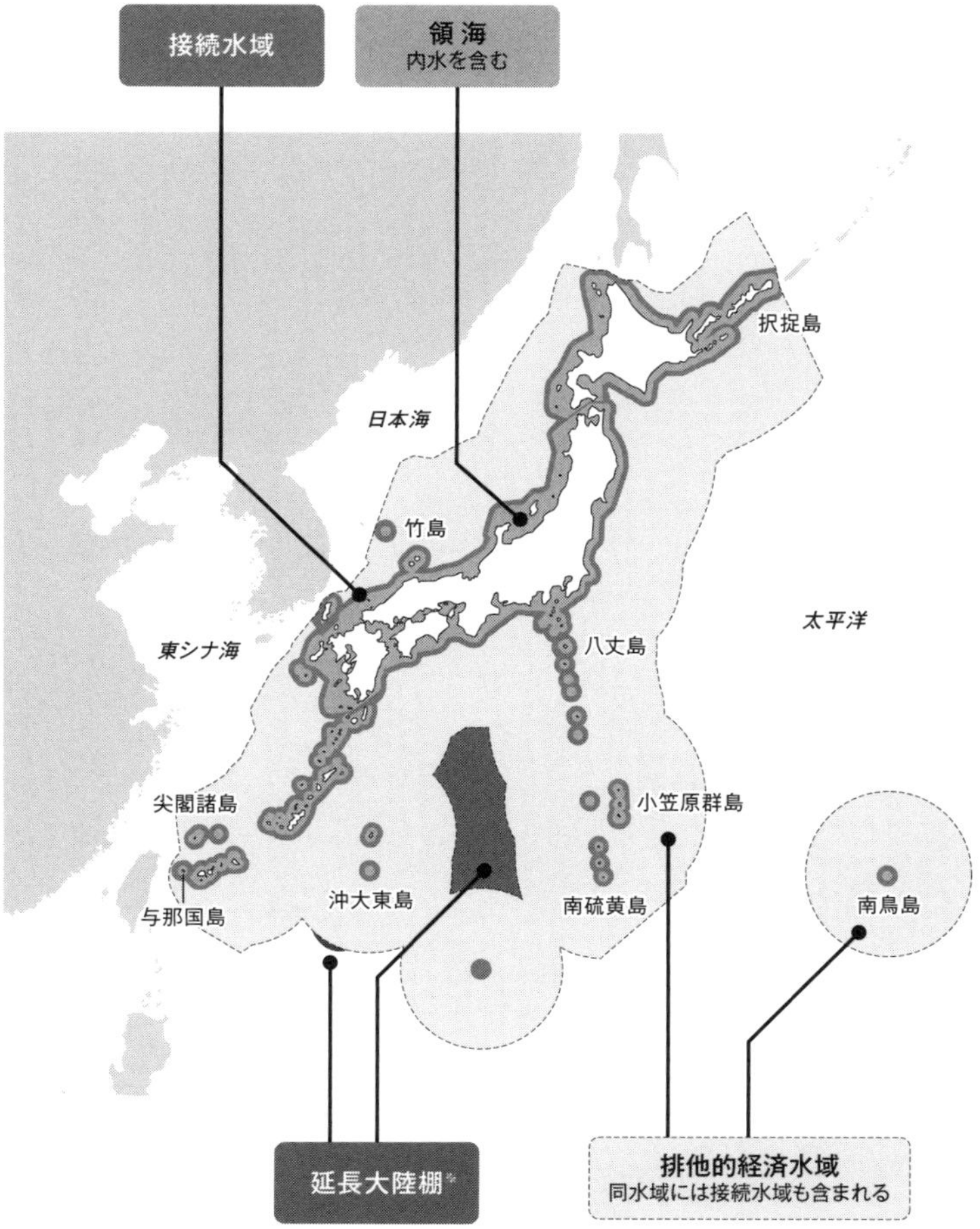
接続水域
領海
内水を含む
日本海
択捉島
竹島
太平洋
東シナ海
八丈島
尖閣諸島
小笠原群島
与那国島
沖大東島
南硫黄島
南鳥島
延長大陸棚※
排他的経済水域
同水域には接続水域も含まれる

ルギーに対して開発や管理を行う権利を有する「排他的経済水域」が設定されたため、海は日本にとって漠然と国家を分ける存在から資源開発の権利がせめぎ合う最前線となりました。

日本は、国土は世界60位と狭いですが、この排他的経済水域では世界で8番目に広い水域を有する国であり、尖閣諸島、竹島、北方領土は、単に島としての「領土」の問題ではなく、そこに付随する200海里の排他的経済水域の権利を巡る問題こそが本質となります。

さて、日本が抱える領土問題として「北方領土等」と記しましたが、実は現在の日本も陸上の国境線を巡り領土問題を抱えています。それは北海道の樺太です。

次ページは国土地理院の地図を参考に作成した北海道以北の地図となります。民間ではなく、官製の地図ですが、そこには日本とロシアの間に複数の線が引かれていることがわかります。北海道と樺太を分ける宗谷海峡に一本、そして樺太中部にもう一本あります。また、千島列島方面では、択捉島《えとろふ》と得撫島《ウルップ》の間の線、占守島《シュムシュ》とカムチャツカ半島の間の線の2本があり、そして北方領土をロシアが実効支配しているため、現状の北方領土と北海道を分ける国土地理院の地図には無い線が現実的には存在します。つまり、

北海道と樺太

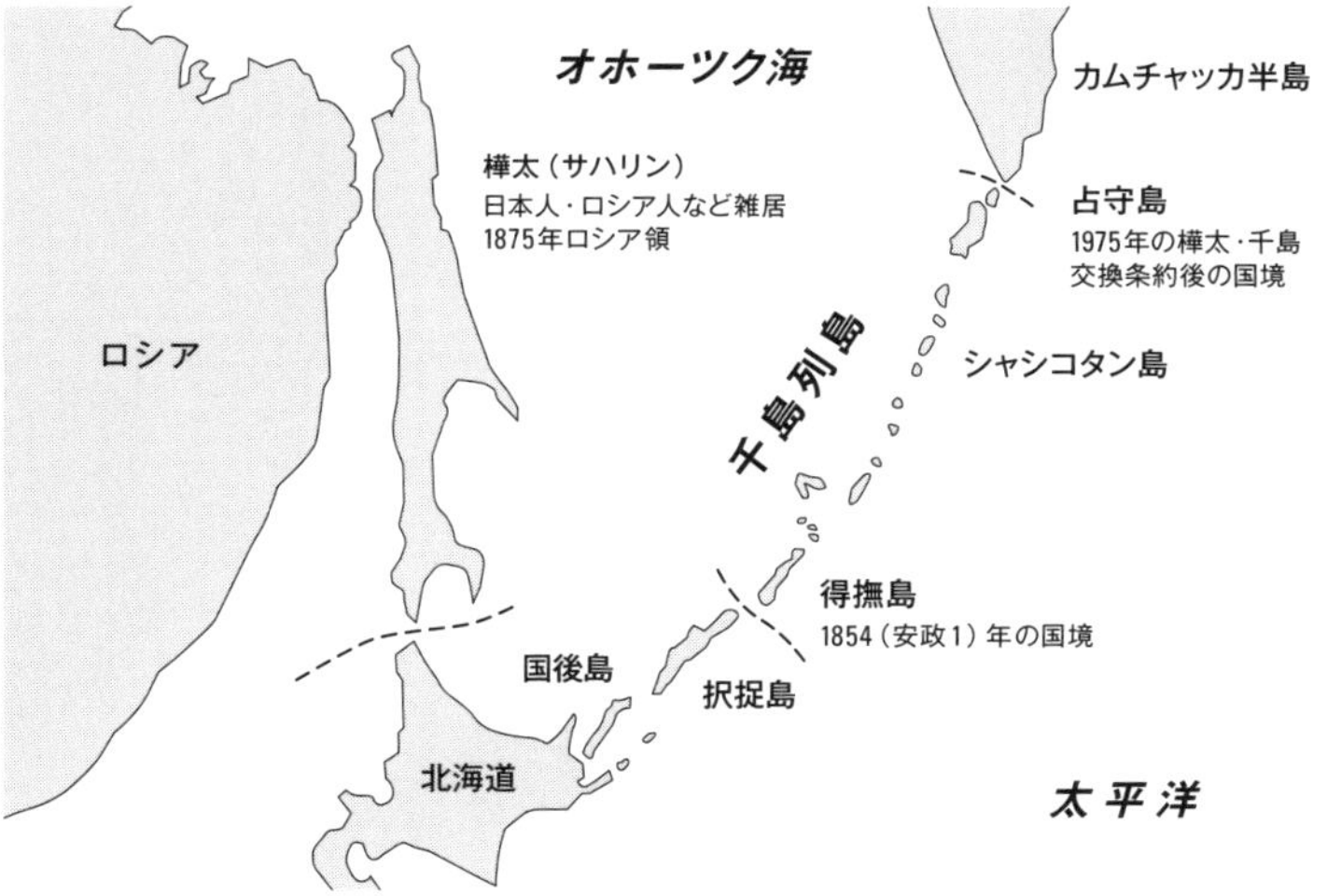

日本とロシアの境界には2方面で計5本の線が存在することとなります。

よく耳にする「北方領土問題」とは択捉島までの北方四島を日本の固有の領土とするものです。では、なぜ占守島北方や樺太中部にも線があるのか。それは1952年のサンフランシスコ講和条約に端を発します。

同条約によって、日本は樺太並びに千島列島を放棄しますが、この条約にソ連が署名していないため、ソ連はそれまで日本が領有していた南樺太、千島列島を実効支配はしているものの、条約的には空白地域となりました。そして、そのままソ連が崩壊したため、同条約に署名できる国家はなく、ソ連を継承したロシアの実効支配が続いているだけ、という解釈となります。

日本のアピール不足は明らか

国境とは陸上にあろうとも海で隔てられていようとも、周辺国の力関係で常に変化する存在です。そして現在では、海上の領域には資源開発の権利が付与され、単に国家を分けるだけの存在ではなくなっています。

この領域をいかに拡大させるか、現在も中国やロシアなど領土的野心を見せる国家はあります。そしてそれは、イギリスの哲学者ホッブズが17世紀に著した『リヴァイアサン』的自然状態、つまり万人の万人に対する闘争を基本とする国際関係の中では、むしろ歴史的に見て普通のことといえます。だからこそ、国家は国境や領土をしっかりと守り、主権の管理維持をしなければなりません。

しかし、日本は貞観期から変わらず、北に条約上の空白地があっても権利を主張せず、西に中国が狙う孤島があっても防人の配備も行いません。実効支配されている竹島や北方領土に、韓国やロシアの軍が駐留していることとは大きな差です。竹島に関しては、１９５１年１月に大韓民国の初代大統領李承晩が「李承晩ライン」を引き竹島を自国領と主張しますが、**アメリカは国務次官補のディーン・ラスクの書簡をもって、竹島を日本領と明言し、１９５１年４月に発効したサンフランシスコ平和条約でも、日本の放棄領土に含まれませんでした。**

その過程を踏まえても、アメリカを巻き込むなどしながら権利を主張しなければなりませんが、国際的にアピールをしているのはむしろ韓国側であり、日本の対策は不十分といわざるを得ません。

国境は不変ではなく、絶えずその境界線を動かそうとする試みがなされます。その歴史的事実と国際政治におけるスタンダードを、日本も認識しなければいけません。

SEVEN

2

WAYS

── 第２の道 ──

経済論

日本は本当に軍事大国か

THE SEVEN WAYS
OF DEFENDING NATIONAL SECURITY AND FRONTIER

安全は経済力が基礎となる

安全保障というと、軍事的側面にばかり視点が集まってしまいますが、私たちの生活に欠かせない「経済」もまた国家を守る安全保障の要素となります。

三匹の子豚では、末弟はレンガ造りの家を建てて、狼からの攻撃を防ぎ、そして撃退しました。しかし、現実社会に則して考えれば、どうやってあれだけの家を造るレンガやモルタルを入手したのか、という問題に直面します。森に落ちていた、ということはないでしょうから、末弟がレンガ造りの家を建てようとすれば、当然レンガやモルタル、その他建設に必要だった資材は購入してきたことになります。

この購入してきたレンガは末弟を狼の脅威から守り、さらに大鍋と松精油も当然購入してきたものでしょうし、それが狼の攻撃に対する反撃手段となりました。

つまり、**自身、そして兄たちを守ったレンガ造りの家がもたらした安全は、経済力を基礎にして築かれたものでした。**仮に経済力がない、もしくは資本の投下先を誤った場合、兄たちのような藁や木の家となり、狼のひと吹きで安全は脅かされていたでしょう。また、大鍋や松精油は対狼用防衛兵器ではなく、普段の食事を楽しむための

SEVEN 2 WAYS

第２の道

経済論

日本は本当に軍事大国か

ものでしょうし、末弟はピアノを弾きながら「狼なんて怖くない」と歌いますが、このピアノは彼の文化的生活や娯楽を支えています。そして、それもまた経済力が背景にあってこそ購入できます。

「はじめに」の部分で記した安全保障の定義に基づけば、

「国家」が「敵国の軍事的攻撃」から「国民の生命・財産」を「軍事的」に「守る」

というケースでさえ、その「軍事力」や「軍事的オプション」も経済力をベースに成立することになります。末弟の子豚が兄たちが持たないレンガや大鍋を持っていたように、強力な防衛手段と反撃手段を保持していてこそ安全が保障されます。また、

「国家」が「敵国の経済封鎖」から「国民の社会生活」を「経済力」で「守る」

というケースでは、まさに経済力が国家を守ります。2018年、南米ベネズエラでは経済危機によりインフレ率が年100万%にも達し、今日の100万円が来年の

100円となる経済の混乱が起き、国民生活は破綻、多くの国民が着の身着のまま国境を越えて近隣諸国へと脱していきました。2017年、サウジアラビアが主導して隣国カタールとの国交を断絶、カタール唯一の陸路を封鎖し経済封鎖を行いました。

このように経済危機はいつでも発生する可能性があります。2018年の米中貿易摩擦や、カタールの封鎖のような政治的外交的問題から、ベネズエラのような自国の経済問題まできっかけは様々ですが、一度経済不安が起こった時、それを経済危機にまでしてしまうか否かは、自国の経済力・経済政策次第となります。「お金が幸福のすべて」ではないですが、**経済力は国民に笑顔をもたらす豊かさも、軍事的安全も、社会生活も支える原動力となります。**

そのことを端的に示した言葉が「富国強兵」といえるでしょう。富国強兵とは元々は中国の春秋戦国時代に出てくる言葉ですが、日本では明治維新後の新政府の国家の基本方針を指す言葉として定着しています。殖産興業などで経済力を付け、同時に軍備を整えて国力を向上させる政策です。

経済力の重要性は、たとえば、軍事費に5億円必要だったとします。その時、国家予算が100億円であれば、軍事費の割合は5％となり、95％の予算は他の分野に振り分けられます。しかし、同じ軍事費5億円を使うとしても、国家予算が20億円の場合、軍事費の割合は25％にもなってしまいます。このように、同じ額の軍事費を支出したとしても、国の経済規模によってその負担は変わります。

戦前期の日本は、大正7年度予算では約4億8０００万円の軍事予算を組み、それは国家財政の52％を占めていました。ところが、大正13年度予算では軍事費約4億9０００万円は国家財政の30％になっています。ほぼ同額の軍事費ですが、**国の経済が成長すれば、負担も変わってきます。**

その後、昭和9年度予算では、ほぼ倍額となる約9億5０００万円の軍事費を計上しますが、国家財政の44％であり、経済の成長が見て取れます。ただし、**昭和13年度以降の軍事費支出は国家財政の70％を超えるようになり、こうなると国民生活は成り立たなくなります。**（データ出典：大蔵省「決算書」）

国家を軍事的に守るために必要な軍事費ですが、それが重くのしかかり国家財政をひっ迫させ国民生活を直撃するようでは、幸せな国家とはいえないでしょう。国民生活と安全保障、それを両立させるための鍵が経済力となります。

冷戦終結も経済から

アメリカとソ連が対立した冷戦は、１９９１年にソ連の崩壊により終結します。世界を二分した東西の超大国のうち、何故ソ連だけが崩壊したのか。そこには経済が大きな要因として存在します。

経済的、政治的、そして軍事的にも東側諸国のリーダーであったソ連は、１９７９年、前年にアフガニスタンで成立した共産党政権に対する蜂起を抑え込むため、アフガニスタン侵攻を行います。この時点までは拡大路線だったソ連ですが、ここから経済による弱体化が始まります。

まず、アフガニスタンの反共産主義勢力「ムジャヒディン」をアメリカが新鋭の武器供与などで支援するようになります。この段階ではアメリカの方が経済的負担を行っていますが、結局アメリカ製の新鋭兵器を供与されているムジャヒディンの抵抗をソ連軍は抑え込むことができず、１９７９年のアフガニスタン侵攻から１９８９年の撤退まで**約10年にわたりソ連はアフガニスタンに駐留し続けることとなります。**そうなると、軍を派遣する駐留のための費用が必要となりますし、その間にソ連軍は約

11万5000人の戦死者を出します。戦死者やその家族への対応にも多額の費用がかかりますし、戦死者を出した損害によって生じた兵器等の損失も戦費を増大させていきます。さらに、アフガニスタン侵攻によってソ連兵に麻薬が蔓延し、彼らが帰国することで社会問題化し、社会的疲弊も生み出しました。

次に、時のレーガン大統領は1983年に「戦略防衛構想」を発表します。衛星軌道上に早期警戒衛星、レーザー衛星などを配備し、仮にソ連が大陸間弾道ミサイルを発射しても、ミサイルを宇宙空間で迎撃する構想です。2019年現在でも、このような技術は確立しておらず、その壮大過ぎる計画はSF映画に擬せられ「スターウォーズ計画」と呼ばれました。

しかし、本書では2019年から歴史を振り返っているので、「壮大過ぎる」といえますが、**当時の人たちにとっては数年後には実現するであろう計画として捉えられました。**この構想が実現すれば、米ソを超大国化させていた核兵器を搭載可能な大陸間弾道ミサイルによる圧倒的な破壊力のうち、ソ連のものだけが発射しても到達せず、存在価値としては無力化させられてしまうことを意味しました。

そうなると、当然ながらソ連側はこのスターウォーズ計画に対抗する兵器の開発に着手しなければならず、アフガニスタン侵攻で疲弊していた経済に、さらなる重しになりました。一部ソ連の科学者も、この計画が荒唐無稽であることはわかっていたようですが、**万が一にもアメリカが完成させた場合、無策でいたがためにアメリカとの戦力差を広げる訳にはいかないのが安全保障政策の基本姿勢となります。**

安全保障の専門用語に「ＭＡＤ＝相互確証破壊」というものがあります。核兵器について主に使われますが、たとえば、アメリカが核ミサイルをソ連に撃ち都市を壊滅させたとして、ソ連の核戦力が残っていて、それをアメリカに報復として撃ち込んだ場合、アメリカの都市も壊滅的な被害を受けます。そのため、双方が撃った時の戦果以上に反撃された時の被害を考え、核兵器の使用を控える状況を指します。

核兵器という狂気（ＭＡＤ）な兵器が作る状況を指して、ＭＡＤな安定という皮肉な状況ですが、スターウォーズ計画が現実のものとなれば、この相互確証破壊の状況が崩れ、ソ連だけが一方的に攻撃を受けることになりますので、荒唐無稽かもしれませんが、完成しない確証がない以上、手をこまねいている訳にはいかなくなるのです。

時のゴルバチョフ書記長は、外交に活路を見出そうと米ソ直接会談に持ち込みますが、そこでもスターウォーズ計画の破棄への言質《げんち》は取れず、85年には自ら率先して軍縮計画を発表するに至り、ソ連の勢いに陰りが見えるようになります。

そして、ソ連経済に大打撃を与えることになるのが、1986年の「逆オイルショック」による原油価格の暴落です。

教科書的な定義では、この「逆オイルショック」の要因は、需要減と石油メジャーと中東産油国とのシェア争いの中で、サウジアラビアが一国での価格調整役としての石油減産を放棄した結果とされます。しかし、その裏にはアメリカの強い働きかけがありました。

ソ連もまた原油産出国であり、原油価格の行方はソ連経済を大きく左右する存在でした。そこでアメリカは、原油価格の低下がサウジアラビア経済にも悪影響を及ぼすのは承知の上で、共に共産主義を脅威とみなし、イスラム国家であるアフガニスタンに侵攻するソ連への反発を持っていたサウジアラビアに原油の増産を要請します。これによって1985年には原油価格が1バレル30ドル以上だったものが1986年3月には10ドル台にまで急落します。つまり、ソ連が原油によって生み出していた富が、数カ月で3分の1にまで減少したことを意味します。

この原油価格の急激な下落は長期にわたって続くこととなり、これがソ連経済崩壊

へのアクセルとなりました。

長引くアフガニスタン侵攻とその被害による戦費増大、アメリカのスターウォーズ計画に対抗するための経済的余力がない中での原油価格の暴落による歳入減となり、ソ連は国民の最低限の生活を保障することもできなくなります。その結果、１９８９年にはベルリンの壁が崩壊、１９９０年には共産党一党独裁を放棄、大統領制に移行しますが、同年にはバルト三国が独立、東ドイツやハンガリーなど衛星国が相次いで民主化に成功、１９９１年に地方分権化に反対する勢力によるクーデターが失敗すると、ウクライナやベラルーシなどが独立し、ソ連は崩壊に至ります。

三匹の子豚では、最も頑丈なレンガ造りの家を建てた末弟だけが狼から家を守り抜きます。しかし、その前提となるのは、レンガを大量に集めることができる経済力となります。

経済が疲弊していれば、レンガ購入が大きな負担となり、食料などの必需品やピアノなどの娯楽に回すお金がなくなったり、レンガそのものが購入できなかったりします。狼に吹き飛ばされてしまう、藁や木の家しか建てられなければ、自分の身も家の安全も保障できません。安全保障の基本となるのは、国家を守る兵器の製造、購入や、兵士を維持するために必要な経済力となります。

日本は軍事大国か？

左の図は、英国の国防戦略研究所（ＩＩＳＳ）の「ミリタリーバランス２０１８」のデータを基に筆者が作成した２０１７年の国防支出総額の上位15カ国となります。このデータを見ると、日本の国防支出総額は世界第7位であり、このことをもって日本を「軍事大国」と主張することは可能です。

たしかに日本は世界トップクラスの軍事費を支出しています。しかし、言葉の定義を明確にしなければ、国防費支出の意味と価値を見誤ることになってしまいます。**日本は、「国防に多額の費用を支出する『軍事費』大国」ではありますが、「軍事が国家の中心的課題である『軍事力依存型』国家」ではありません。**

国防費の支出額を理由に、「日本が軍国主義化しようとしている」などと主張することは、国防費のデータを読み違えた暴論となります。

この章の前半で記したように、同じ国防費でも国の経済力の差によって、国家に

2017年国防費支出総額上位15カ国

順 位	国 名	100万米ドル	対GDP比
1	アメリカ	602,783	3.11
2	中 国	150,458	1.26
3	**サウジアラビア**	76,678	11.30
4	インド	52,494	2.15
5	イギリス	50,721	1.98
6	フランス	48,640	1.89
7	日 本	46,004	0.94
8	ロシア	45,600	3.10
9	ドイツ	41,734	1.14
10	韓 国	35,674	2.33
11	ブラジル	29,408	1.41
12	オーストラリア	24,963	1.80
13	イタリア	22,859	1.19
14	**イラク**	19,271	10.00
15	**イスラエル**	18,547	5.33

とっての負担は異なります。その負担の割合を示したのが、前ページの図の「対GDP比」です。国家の総収入のうち、何%が国防費であるのかを示した数字です。日本は世界で7番目の国防費を支出していますが、その割合は日本の総収入の1%以下となっています。前ページの図では、3位サウジアラビア、14位イラク、15位イスラエルと太文字になっていますが、これは次の表にも登場する国であることを示しています。また、背景がグレーとなっているのは、この3ヶ国が中東地域の国であることを示しています。それを前提に次の左の図をご覧ください。

左の図は国防支出総額の対GDP比上位15カ国です。国防費が国家予算に対して負担になっている割合が高い順ということになります。15カ国中8カ国が薄グレーとなっており、**中東地域諸国での国防費の割合が高いことを示しています。**

また、12位アゼルバイジャン、13位アルメニアは、ソ連邦を構成していた地域だったこともあり、伝統的な「中東」には含まれませんが、イラン、トルコと国境を接し、「西アジア」地域には含まれています。そして、現在両国は領土問題を抱えており、アフガニスタン含め国内外に軍事的緊張を抱えている国において国防費支出の割合が高くなっています。

2017年国防費対GDP比上位15ヶ国

順 位	国 名	対GDP比
1	オマーン	12.08
2	サウジアラビア	11.30
3	アフガニスタン	10.29
4	イラク	10.00
5	コンゴ	6.17
6	アルジェリア	5.71
7	イスラエル	5.33
8	クウェート	4.83
9	バーレーン	4.37
10	マ リ	4.29
11	ヨルダン	4.04
12	アゼルバイジャン	3.96
13	アルメニア	3.89
14	イラン	3.75
15	カンボジア	3.54

日本の国防支出総額の対ＧＤＰ比は約１％ですが、ロシアはほぼ同額の支出ながらも対ＧＤＰ比は３％を超えています。国の経済力によって、国防費の負担が異なることがよく分かります。次の図では国家の支出における１％の価値を示しています。表では国防費支出総額上位８カ国と、国防費対ＧＤＰ比上位７カ国（サウジアラビア含む）を示しています。

これはそのままその国の経済力を示していますが、たとえばアフガニスタンが国家予算のすべて、１００％を国防費としたとしても、日本の国家予算の１％未満である国防費の半分にもなりません。また、**原油産出国として豊かなイメージのあるサウジアラビアは、国防支出総額において世界第3位ですが、経済力はアメリカの30分の1程であり、高額の国防費は国民生活の負担の上にあることが分かります。**

富国強兵でまず国家を富ませる経済力を成長させることが、国を軍事的に守る上でもいかに重要であるのかは、先の２つの図と、左の図でも明らかとなります。国が豊かであれば、少ない負担で経済力のない国家では購入・製造することのできない高性能の兵器を保有することができます。それは決して軍事を優先させた結果ではなく、国家の経済力に対する分相応の国防費であり、兵器であるということができます。

国家の支出における1%の価値

	国 名	100万米ドル
国防費支出総額上位8カ国	アメリカ	193,821
	中 国	119,411
	サウジアラビア	6,786
	インド	24,416
	イギリス	25,617
	フランス	25,735
	日 本	48,940
	ロシア	14,710
国防費対GDP比上位７カ国	オマーン	719
	アフガニスタン	210
	イラク	1,927
	コンゴ	78
	アルジェリア	1,754
	イスラエル	3,480

その分相応を越えて、軍事を優先させ経済を疲弊させると、かつてはアメリカと世界を二分したソ連が急速に衰退し解体したように、軍事力ではなく、経済力によって国家は滅ぶことすらあります。

国民が富を生産し、豊かに生活を送り経済を活性化させていることは、直接的には安全保障に結び付かないかもしれませんが、結果として国家を富ませ、少ない負担で高額の国防費を支出できる経済的余裕を生み出し、国家の安全に寄与しています。

その意味において、リベラル陣営が「軍国主義的」と称する「軍事依存型国家」としての「軍事大国」とはどのような国家を指すのか。それは単に国防支出総額が多いだけの国家ではありません。国民生活を多少犠牲にしてでも、国家の経済に負担をかけて高い対ＧＤＰ比の国防費を捻出する国家であると言えます。

「永世中立国」スイスの兵力

また、「軍事大国」を示すデータとして次ページの図もひとつの指標になると思います。左の図は主要国（国防支出総額上位国や対ＧＤＰ比上位国他、筆者選定の国）の正規軍兵力数及び国民の何％が軍人であるのかを示した図です。

まずは軍事超大国のアメリカですが、正規軍約１３５万人は国民の４％強が軍人である計算となります。これを軸に各国の割合を見ていくと、所謂《いわゆる》「軍事大国」であるか否かの指標となると思います。

中国は兵力ではアメリカを凌駕していますが、母数となる人口が多いため、割合としては１・４％程ですし、それは人口の多いインドも同様であり、アメリカと同等の兵力ですが、軍人比率は人口の１％程度となっています。

主要国兵力

国 名	兵力（千人）	兵力 / 人口
アメリカ	1348	4.13
中国	2035	1.44
サウジアラビア	277	7.79
インド	1395	1.03
イギリス	150	2.25
フランス	203	3.11
日本	247	0.20
ロシア	900	6.25
ドイツ	179	2.18
韓国	625	12.22
ブラジル	335	1.59
オーストラリア	58	2.34
イタリア	175	2.95
イラク	64	1.63
イスラエル	177	20.94
オマーン	43	8.90
アフガニスタン	174	4.78
コンゴ	10	1.85
アルジェリア	130	3.10
クウェート	16	3.81
バーレーン	8	5.10
マリ	10	0.50
ヨルダン	101	10.20
アゼルバイジャン	67	6.75
アルメニア	45	15.33
シンガポール	73	12.60
スイス	21	2.46
トルコ	355	4.33
ウクライナ	204	4.64
北朝鮮	1280	49.98
エリトリア	202	38.94
南スーダン	185	14.32
エジプト	439	4.42
イラン	523	6.38
レバノン	60a	9.85

国防支出総額上位15カ国を見ても、特筆すべきは日本の比率の低さでしょう。自衛隊員の人口に占める割合は0・2%であり、次に割合の低いインドと比べても、兵力でも割合でも5分の1以下となっています。

国防支出総額は世界の上位10カ国に常に入る日本ですが、国防費の対GDP比では上位の国には見られない1%以下、兵力の人口比率も1%以下となっており、決して軍国主義的な「軍事大国」などと呼べる状況ではありません。国家の経済力を活かして最小限の負担で新鋭の兵器を配備し、非常に効率よく防衛体制が整えられているのが、現在の日本の状況だと思います。

経済は安全保障の一翼を担う要素です。だからこそ、データ上の数字の表面の優劣だけを比較するのではなく、注意深く読み解かなければいけません。

次に着目すべきは人口比兵力が2桁の国々となります。国土が小さく、人口が少ない中で、自国や近隣に紛争地域を抱えている国では、どうしても国家を防衛するために多くの兵力を抱える必要があります。北朝鮮に至っては人口の半数近くが軍人という超軍事大国といえます。

また、紛争地域ではないですが、シンガポールも人口比兵力は10%を超えていますし、一般的に長閑《のどか》で平和的とイメージされる中立国のスイスですが、人口比兵力は2・5％程です。このスイスの軍備は安全保障に関する現実を語ってくれます。**中立とは武力を放棄することではなく、その時々の周辺国の勢力によって国境線が塗り替えられてきた大陸国家において、中立を守るためにはしっかりと軍事的にも国を守る備えが必要であることを示しています。**

これらのデータを踏まえて、所謂「軍事大国」と呼ばれる国は、巨大な経済力を背景に、莫大な国防費を支出し、過小でも過分でもない一定数かつ一定比率の兵力を維持する国家となるでしょう。まさに、アメリカは軍事大国のモデルのような国であるといえるでしょうし、国防支出総額上位10カ国であり、対ＧＤＰ比で２％前後を支出をし、兵力が１００万人を超えたり人口比２％を超えたりする国家を選ぶと、アメリカを筆頭に、中国、インド、イギリス、フランス、ロシア辺りを指すと思います。

一方で、国防費の対ＧＤＰ比も人口比兵力も５％を超えるような、国民生活に軍事費が負担をかける国家は、「軍国主義的」と言うことができるかもしれません。サウジアラビアやイスラエルなどの対ＧＤＰ比国防費の高い国家の多くがそうですし、北朝鮮や正確なデータがあればロシアもそうなると思います。

「軍国主義」「軍事大国」、言葉が勇ましく、イメージを先行させますが、国家の安全保障を支えるのは常に経済です。

その国の実態がどこにあるのかは、「軍事大国」や「永世中立国」などの言葉の上辺ではなく、経済をベースとした数字の奥にこそ隠されています。

SEVEN

3

WAYS

—— 第３の道 ——

貿易論

改めて中国の脅威を直視せよ

THE SEVEN WAYS
OF DEFENDING NATIONAL SECURITY AND FRONTIER

腹が減っては戦ができぬ

三匹の子豚において、末弟は溢れる経済力から強固なレンガやモルタル、狼を茹でることさえできる大鍋を購入し、レンガ造りの家を築きます。狼のひと吹きにもびくともせず、煙突からの侵入も、大鍋で撃退してきました。これで狼からの軍事的脅威は大きく低減しました。

しかし、末弟や兄たちが心地良くレンガ造りの家で暮らすには、これだけでは不十分です。食料がなければ飢えてしまいますし、大鍋で狼を撃退した時に使った松精油や火をおこすのに用いた薪も、調達できなければ料理も狼の撃退も不可能です。

これらが自分の家の庭や近隣で入手できる場合でも、第1章で記したように、狼との勢力関係によって安全に収穫できるか否かは変化しますが、仮に安全に確保できる環境が整っているとしても、三匹の生活を満たすだけの食料や薪や油などのエネルギー源を十分に確保できない可能性もあります。

レンガなどを購入するだけの経済力のある末弟ですので、資金面には問題がないと仮定します。すると、三匹の需要量を満たす食料やエネルギー源を等価交換する貿易によって輸入する必要性が発生します。隣の森の狐から食料、向こうの森の狸から油を輸入することになり、これで三匹の生活はひと安心となりましたが、これで万事解決した訳ではありません。三匹の生活、生死の安全を保障する貿易には、次のふたつのリスクが存在します。

① 狐や狸が食料や油を売ってくれない場合、必要量を確保できない。
② 貿易品をレンガ造りの家まで運ぶ必要があるが、狼がそれを襲う危険性がある。

この①、②どちらのケースでも、三匹は必要な食料や油を入手できなくなってしまい、安心で快適な生活に支障をきたし、油はエネルギーであると共に狼を撃退する軍事的資源でもあったため、安全を脅かされる事態となります。

生活と安全に必要な資源を、自分たちだけで調達できない環境は、それだけで安全保障上のリスクを生んでしまいます。また、貿易し輸入するとなると、それらを輸送する必要性がありますが、狐や狸の森から運んでいる最中に狼に襲われないことが前提となり、そのための必要な手段を講じることが求められます。

「腹が減っては戦ができぬ」とは、日常生活の中でも多用されることわざですが、「戦」の文字があるように、軍事的・安全保障面においても本質を説いています。同時に、日常的に多用される言葉であることからも分かるように日常生活、国民生活の非軍事的側面においても本質を突いています。

食料・エネルギーが不足すれば、国民生活は途端に疲弊し、経済は破綻、国家は存亡の危機に立たされます。その上で、そのような状況下に置かれた国家の軍隊では、十分な戦力として機能せず、戦を勝ち抜くこともできなくなってしまいます。

エネルギー自給率から見る日本の立場

エネルギーの枯渇が戦争へと繋がった例としては、太平洋戦争時の日本がよく挙げられます。太平洋戦争開戦直前の1941年、アメリカは日量383・6万バレルの原油を生産していました。一方の日本は日量0・52万バレルであり、比べるまでもなくアメリカが圧倒しています（出典：米国戦略爆撃調査団石油報告）。そうなれば、当然ながら日本は原油を輸入しなければなりませんが、90％超に及ぶ海外石油依存度

SEVEN 3 WAYS

第３の道

貿易論

改めて中国の脅威を直視せよ

のうち、80%前後（出典：石油統計年報）を仮想敵国であり、日々関係が悪化するアメリカからの輸入で賄うという綱渡りのような状況となっていました。

そこから先の結末は、私たちが歴史で知る通りとなりますが、太平洋戦争の要因を語る上において、エネルギーの問題を抜きにしては、片手落ちとなってしまいます。

では、そんなエネルギーですが、世界の現状を俯瞰すると、日本の置かれている現状の厳しさが浮き彫りになります。

左の図は世界の主要国における一次エネルギー自給率の１９９０年と２０１５年の対比です。主要国として抽出したのは、前章に引き続き国防支出総額上位１３位までの国、そして北欧の２カ国としました。

背景がグレーになっている国が、一次エネルギー自給率50%以下の国です。これを見ると、所謂「軍事大国」と呼ばれるような国防支出総額の多い国は、そのままエネルギー自給率も高いことが分かります。その中で、日本、韓国、イタリアは常時自給率が50%だけでなく25%を下回っている状況であり、**日本に至っては１９９０年の17%から２０１５年には自給率が７%にまで低下しています。**

現在、私たちの生活を支えている電気やガスは、日常生活に欠かせない存在ですし、

主要国一次エネルギー自給率

国 名	1990	2015
アメリカ	86.3	92.2
中 国	101.2	83.9
サウジアラビア	635.2	292.6
インド	91.7	65.1
イギリス	101.0	65.8
フランス	49.9	55.9
日 本	17.0	7.0
ロシア	147.1	188.0
ドイツ	53.0	38.8
韓 国	24.3	18.9
ブラジル	74.3	93.8
オーストラリア	182.4	304.3
イタリア	17.3	23.7
ノルウェー	567.1	702.7
スウェーデン	62.9	74.8

IEA「World Energy Balance」2017を基に筆者作成

その量は繁栄の象徴として、夜の街を煌々と照らしています。また、加工貿易を支える工場を稼働させるためにも、莫大な金融取引を支えるのも、企業のスムーズな経営を支えるのも、そして私たちが住まい、働く巨大な建造物を安全に建築するのにも、電力は欠かせません。それら日本の安定の根本であるエネルギーを、私たちは外国に依存しています。戦前の日本がそうであったように、外国政府の判断ひとつで、日本の繁栄の蛇口は閉められてしまうのです。

左の図は日本の一次エネルギー供給の構成ですが、石油、石炭、天然ガスによって9割以上のエネルギーが生み出されていることがわかります。日本で炭鉱というと過去のもののように思われますが、未だ4分の1を超えるエネルギーの供給源となっているのです。また、原子力以下は自国での供給が可能ですが、**主たるエネルギー源である石油、石炭、天然ガスの自給率の低さは日本の繁栄の危うさを示しているともいえます。**

そのような事態を避ける手法としては、リスクを分散するために、様々な国から原油や天然ガスを購入したり、水力や原子力など自国で作りだせるエネルギーへシフトすることが挙げられます。

日本の一次エネルギー供給構成

	一次エネルギー	自給率
石 油	43.0	0.3
石 炭	27.3	0.0
天然ガス	23.3	2.4
原子力	0.6	—
水 力	1.7	—
地熱、風力など	1.5	—
バイオ燃料	2.7	—

IEA「World Energy Balance」2017を基に筆者作成

まず、輸入元ですが、日本は2016年の段階において、石油の35・7％をサウジアラビアから、24・5％をアラブ首長国連邦から輸入しています。こうみると80％近くをアメリカから輸入していた戦前期に比べるとリスク回避ができているように思えますが、中東地域全体で見れば、同地域から86％の石油を輸入しており、同地域リスクを抱えていることが分かります。

また、石炭は75・5％をオーストラリアからの輸入に頼っており、あまりリスクを分散できていないことが分かります。一方の天然ガスはオーストラリア26・9％、マレーシア18・6％とある程度分散ができているように思われます（出典：資源エネルギー庁『日本のエネルギー２０１７』）

エネルギーのシフトに関しては、国の安全保障政策の一環として捉えるべき問題ですし、各国の戦略がそこに見えてきます。

フランスとドイツの差はどこにあるのか

先述したように、エネルギーを他国に依存することは、それだけで安全保障上のリスクを抱えることとなります。エネルギー資源の輸入元との関係に関しては、その供給が国家の経済や国民の生活に直結するので、良好な関係のもとでの継続性ある供給が不可欠であり、価格であれ、供給量であれ、輸入元の国の判断に国家の命運が委ねられるという絶対的な弱みを握られることとなります。だからこそ、どのようにエネルギー政策を考えるのかは安全保障の問題であり、それぞれの国家のビジョンがそこに見えてきます。

一次エネルギー自給率の図を見ると、いくつか分かりやすい各国のビジョンが見て取れます。1990年と2015年の比較において、**フランスは自給率を50％以上に増やし、逆にドイツは自給率を50％以下に落としています。この両国の差はなにに出ているかといえば原発政策です。**

1990年から2015年にかけて、フランスは老朽化した原発を7基廃棄していますが、一方で10基を新設しています。2015年におけるフランスの一次エネルギー供給の46・2％は原子力で発電しており、この比率は世界を見渡しても抜きん出ています。

一方のドイツですが、同時期に新設の原発はないものの、19基の原発を廃棄しており、一次エネルギー供給の原子力の割合は7・8％となっています。さらに、ドイツでは脱原発を進めており、割合はゼロに向かって進んでいくと思われます。

現在、福島県での原発事故の影響などもあり、原子力への不安は世界的に広がっています。また、クリーンエネルギー、再生可能エネルギーへの転換という風潮も各国に広がっています。

しかし、**現実問題として、風力や太陽光だけでは国家の経済を支えるだけの電力を供給できていないのもまた事実であり、ドイツは脱原発の理想を追い求めることを選**

択しましたが、その結果として一次エネルギー自給率を低下させました。ドイツのエネルギー事情に関しては、輸出大国なのか、輸入大国なのかと用いるデータによって異なるため議論が起こっていますが、発電に必要な原材料である一次エネルギーに関しては、自国供給に含まれる原子力の比率が低下したこともあり、自給率を低下させ、他国への依存度を高める結果となっています。

特徴的なエネルギー政策を進めているのが北欧ノルウェーです。ノルウェーの一次エネルギー自給率は５００％を超え、２０１５年では７００％を超えています。特徴的なのはそのほとんどを水力で賄っていることです。

水力発電は新しい発電方法では無いですが、再生可能なクリーンエネルギーであり、豊富な水資源と高低差があれば自国の資源のみで発電が可能であるというメリットがあります。

クリーンエネルギー時代の電力として改めて注目もされていますが、それ以上にエネルギー安全保障の観点から考察すれば、一次エネルギーを輸入に頼ることなく確保できることは重要であるといえます。豊富な水資源と高低差のある日本としては、ドイツの再生可能エネルギー以上に注目すべきエネルギー政策であると思います。

食料自給率と安全保障

食料自給率の問題もまた、エネルギー問題と同様に国家の安全保障を左右する問題となります。

電力がライフラインとして国民の豊かな生活と経済活動を支える一方、食料は文化的生活を支えるだけでなく、文字通り生命線として命を支えています。

食料の輸入が、自国では生産できない・生産しにくい物品や嗜好品の輸入であれば、国際分業で互いに得意な食料品を生産し、不得意な食料品と交換するウィンウィンの関係となりますが、自国民の必要水準の食料を自国で生産しきれずに輸入していると なると、それは分業ではなく、他国政府に国民の生殺与奪権を与えているに等しくなります。

日本の食料自給率に関しても、データの種類や解釈により様々な意見がありますが、カロリーベース自給率では2017年度は38%であり、高い数字が出る生産額ベースの自給率でも65%と、**日本は必ずしも日本人が必要とする十分量の食料を自給できている訳ではないことが分かります。**

シーレーンとチョークポイント

本章の冒頭において、家の安全を確保できた三匹の子豚の末弟には生活に必要な薪や油、食料を調達する上において、ふたつのリスクが存在すると書きました。ひとつは交易の相手がそれを譲ってくれない・譲れない状況にある場合、そしてもうひとつは、**たとえ必要物資を調達できたとしても、それを運ぶ時に狼に襲われるリスクです。**

現実社会においても、このふたつのリスクは常に国家の安全保障を脅かします。日本のエネルギーや食料を輸出している地域に政情不安や天候不順、外交上の軋轢《あつれき》が生じた場合、食料・エネルギーの自給率が低ければ、国民生活、国家経済の安定が即座に脅かされます。エネルギーや食料を確保できたとしても、それを無事に日本に届けることは、第二の課題となります。

この第二の課題を理解する上で重要なキーワードが**「シーレーン」と「チョークポイント」**です。

日本は海に囲まれた島国ですので、他国との貿易となると空路、もしくは海路となります。そして大量に輸出入を行うとなると、航空機輸送では限界があり、必然的に海路での輸送となります。その「海の道」こそが「Sea Lines of communication＝シーレーン」となります。海には明確な道はありませんが、それでも最適なルートが徐々に一般化し、海に道があるかのように重要な航路として形成されていきます。「海のシルクロード」と呼ばれるものも、現代風にいえばシーレーンとなります。

このシーレーンが安全であることは、経済の面でも安全保障の面でも重要となります。**では、なにが安全を脅かすのか。ひとつは海賊です。**

海賊といえば、『パイレーツ・オブ・カリビアン』（カリブの海賊）の世界を思い浮かべる方も多いと思います。さすがに、カリブの海賊の世界は歴史の中に消えていきましたが、21世紀になった現在でも、海賊は存在し、アフリカのソマリア沖やアデン湾、マラッカ海峡などは海賊行為の多発地域となっています。

特に90年代以降、有効な統治を行うことができる中央政府が存在しないソマリアでは漁民が外貨獲得の手段として海賊行為に手を染めるケースも多く、そこに武装勢力の存在も絡み、根深い問題となっています。小銃やロケットランチャーまで装備し、商船以上の船速が出せるように改造された小型ボートで近付き、商船を強奪する彼らの存在は国際問題に発展しました。２００８年には国連が加盟国の海軍艦艇に海賊行

アデン湾の位置

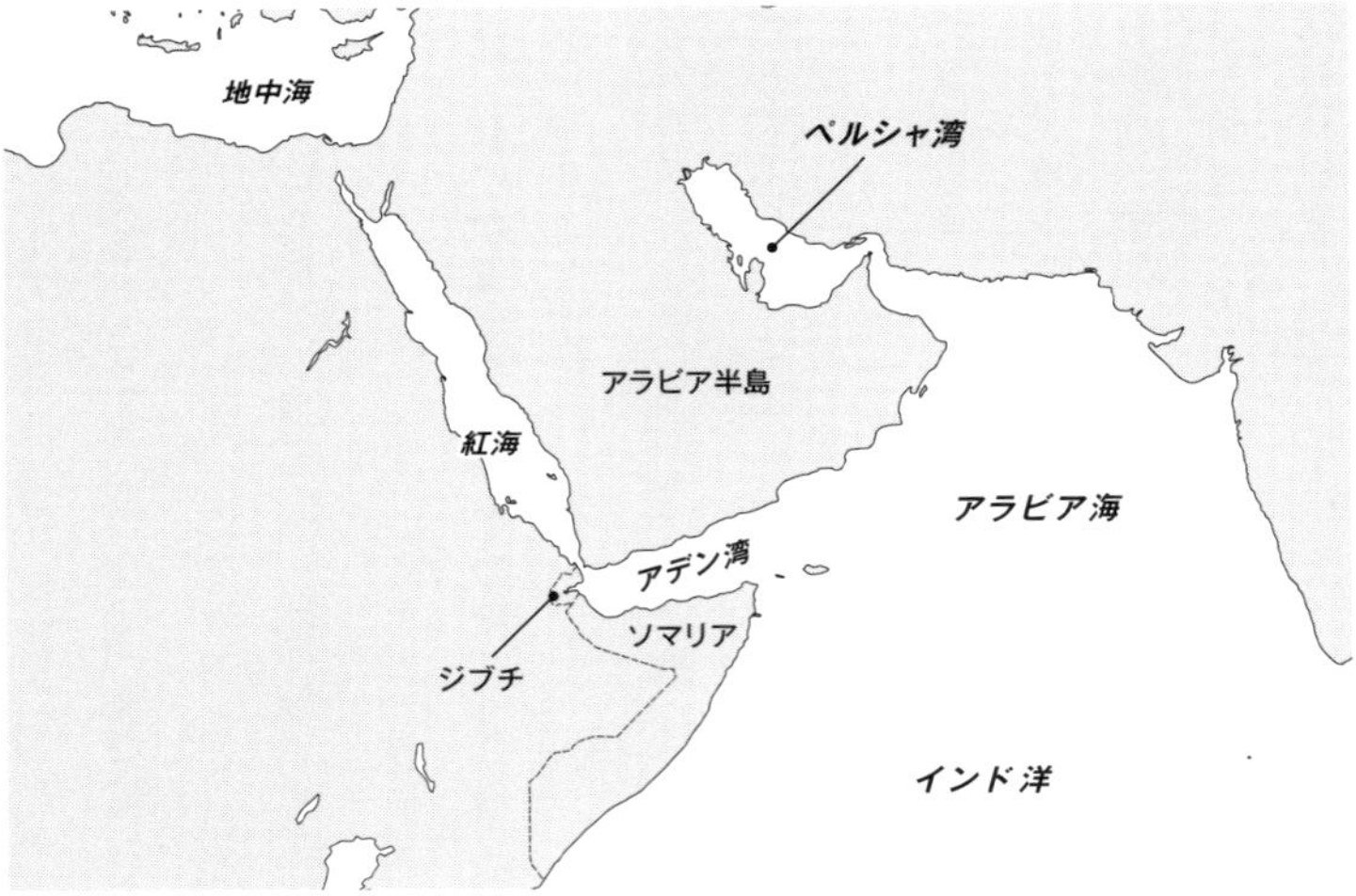

為をあらゆる措置をもって阻止する権限を認め、２００９年には多国籍部隊の合同任務部隊が設立されました。

日本も海上自衛隊の艦艇や航空機を同部隊に派遣し、アデン湾を航行する商船の警備にあたり、隣国ジブチに展開する自衛隊の拠点を警備するために陸上自衛隊の部隊も派遣されています。

２００８年には日本の海運会社が運航する商船５隻が襲撃され、ロケットランチャーで攻撃を受けたり、船を奪われた上、船員を人質に取られ、解放に数百万ドルを支払ったりする被害も実際に出ています。また、マラッカ海峡でも同様の海賊行為は多発しており、日本の商船が被害に遭うケースも出ています。

計画的な中国の海洋進出

第二の脅威は、政情不安やシーレーン周辺国による航行の自由への侵害行為です。先程のソマリアの政情不安による海賊行為の多発もまた航行の自由を侵害する脅威ですし、イランとアメリカの緊張によりペルシャ湾の安全が脅かされるケースなども想定できます。

また、**より日本に影響のある問題でいえば、中国の海洋進出です。**長らく中国は陸軍主体の国家でしたが、1996年の台湾の総統選挙に関連して、中国が台湾独立派をけん制する狙いでミサイルを近海に向けて発射しました。

これに対してアメリカは台湾海峡に空母を派遣しました。これを「第三次台湾海峡危機」といいますが、アメリカの海軍力を前に中国はなす術がなく、軍の近代化の必要性を実感します。これ以降、海軍、空軍の近代化を進め、「沿岸海軍」から「近海海軍」へと発展させていきます。そして、その過程において国際的に認知されるようになった中国の軍事的概念に「第一列島線」「第二列島線」というものがあります。

「第一列島線」とは、九州から琉球諸島、フィリピン、ボルネオ島に至るラインであり、中国はこの内側にあたる東シナ海、南シナ海を「近海」と認識しているといわれています。

「第二列島線」とは、伊豆諸島、小笠原諸島、マリアナ諸島を経てニューギニア島に至るラインです。

中国の海軍建設スケジュールとしては、80年代の段階で、

２０００年までに中国沿岸海域の防備体制の整備。

２０１０年までに第一列島線内部の制海権確保。

２０２０年までに第二列島線内部の制海権確保及び空母の建造。

２０４０年までにアメリカ海軍による太平洋、インド洋の支配の阻止。

という方針を打ち出していましたが、第三次台湾海峡危機以降の近代化及び海洋進出の流れを見ても、この方針に沿って活動していることが見て取れます。

第一列島線

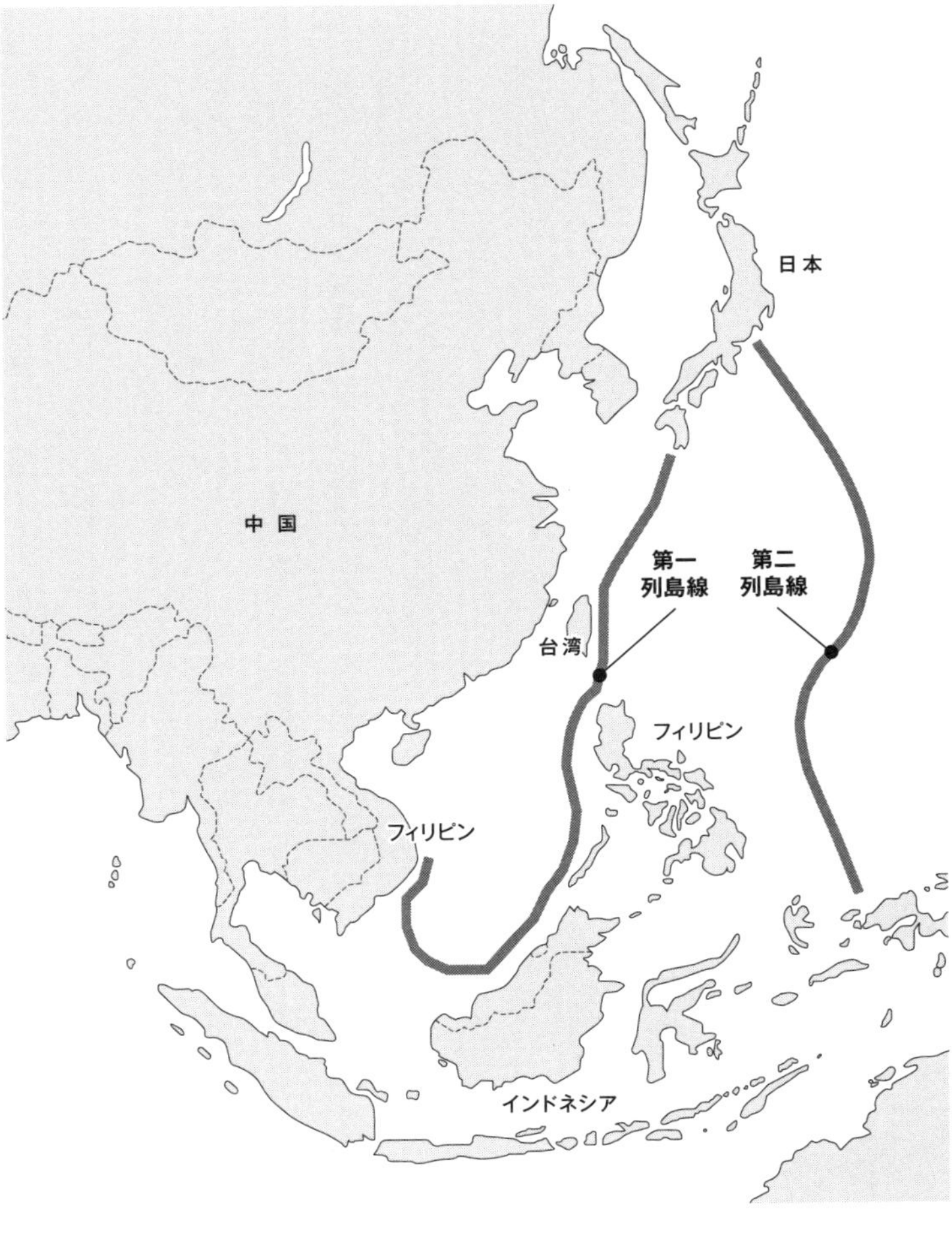

1999年には新鋭の潜水艦ソン級が就役を開始、2004年には第四世代戦闘機J-10が配備され、海軍、空軍戦力の近代化が進みます。そして、同時期から始まったのが近海での挑発です。2004年、日本の領海内において国際法違反である潜水艦による潜没航行が確認されていますし、2006年には沖縄近海においてアメリカ海軍空母キティーホークを追跡、8キロという近距離で浮上してみせます。2008年には最新鋭駆逐艦を含む海上部隊が津軽海峡を通過、翌2009年には沖ノ鳥島近海にも進出しています。

実際には、2010年までの第一列島線内部の海上優勢の確保はできませんでしたが、スケジュールを後ろにずらして、海洋への進出を続けています。

この2009年、アメリカ国防総省が中国の軍事戦略として「A2/AD」というものを報告します。これは、「接近阻止・領域拒否」と訳された人民解放軍の戦略ですが、西太平洋戦域、特に第一列島線内の軍事作戦に対するアメリカ軍の介入の阻止、そして、第二列島線内の海域におけるアメリカ軍の自由な作戦展開の阻害を目的とした戦略であり、**中国海軍が「近海海軍」だけでなく「外洋海軍」になりつつあることを示していました。**

これ以降、特に第一列島線内部における海上優勢確保に向けた中国の動きは活発化します。

尖閣諸島近海では、2010年以降中国船の領海侵犯の数が飛躍的に増え、**2008年には年に2回、2009年には0回だったものが、2010年には海上保安庁の巡視艇に衝突する事案も含めて2回、以降2015年までに2回、73回、188回、88回、95回の領海侵犯事案が発生しています。**

さらに、J－10戦闘機を含めた新鋭戦闘機の数が、日本の戦闘機数を上回った2010年以降、自衛隊機の中国軍機に対するスクランブル数が急増しています。戦力で日本を上回ったことで、第一列島線内海域に対する進出を強めていることがわかります。そして、海軍建設スケジュールにあった2010年代の空母の建造ですが、こちらは遅れることなく、2012年には空母遼寧が就役、そして2019年現在、2隻の国産空母も建造中とされています。

また、南シナ海の南沙諸島の実効支配を進めるべく、岩礁の埋め立てと基地化を急速に進め始めたのが2015年であり、尖閣諸島も含め、それまでの主張だけではなく、戦力の整いと共に行動と実行が伴ってきたことが分かります。

この南沙諸島のある海域には、「九段線」と呼ばれる中国が主張する国境があります。２０１５年以降、埋め立てにより実効支配を強めていますが、ハーグの常設仲裁裁判所はこの中国の領有の主張を国際法違反と判断しました。それでも中国の実効支配化は止まらず、むしろ加速させている状況となっています。そして、この海域こそが、日本にとっての重要なシーレーンとなっているのです。

「チョークポイント」を狙う中国

この「シーレーン」と共に重要なキーワードに「チョークポイント」があります。日露戦争時の連合艦隊参謀として活躍した秋山真之《さねゆき》ら日本の海軍軍人にも多大なる影響を与えたアメリカ海軍軍人アルフレッド・セイヤー・マハンが提唱した、**海洋を支配し、広範囲な海域に影響力を与え国際的な政治力を有する「シーパワー＝海洋勢力」を制するために重要となる、多くの航路が集まる収束点のことを「チョークポイント」といいます。**

多くの重要航路が収束する点ですので、チョークポイントは主要な海峡と一致します。たとえば、地中海全体を勢力圏に収めたい場合、そのすべての海域を支配下に置くには相当な戦力と莫大な費用、労力が必要となりますが、出口であるジブラルタル海峡とスエズ運河を押さえることができれば、少ない兵力で地中海に出入りするすべての航路を支配下に収めることができます。これがチョークポイントの重要性となります。

日本の主要航路におけるチョークポイントとしては、石油資源の航路としてホルムズ海峡やマラッカ海峡、ヨーロッパとの貿易ではスエズ運河やアデン湾のあるマンデブ海峡などが挙げられます。

一次エネルギーの輸入、食料の輸入、鉱物資源の輸入、そして加工貿易など海上輸送によって立国している日本にとって、**これらチョークポイント並びにシーレーンにおける航行の自由や安全の確保は国家の安全に直結し、その安全が脅かされることは国家の繁栄を著しく脅かします。**

そんなアジアにおける主要航路やチョークポイントに対して、近年野心を見せるのが中国です。中国海軍のスケジュールの中でも、インド洋への進出は目標とされていましたが、近年同海域への進出も続けており、中国海軍は自らの海上戦力を「近海防

一帯一路および主要チョークポイント

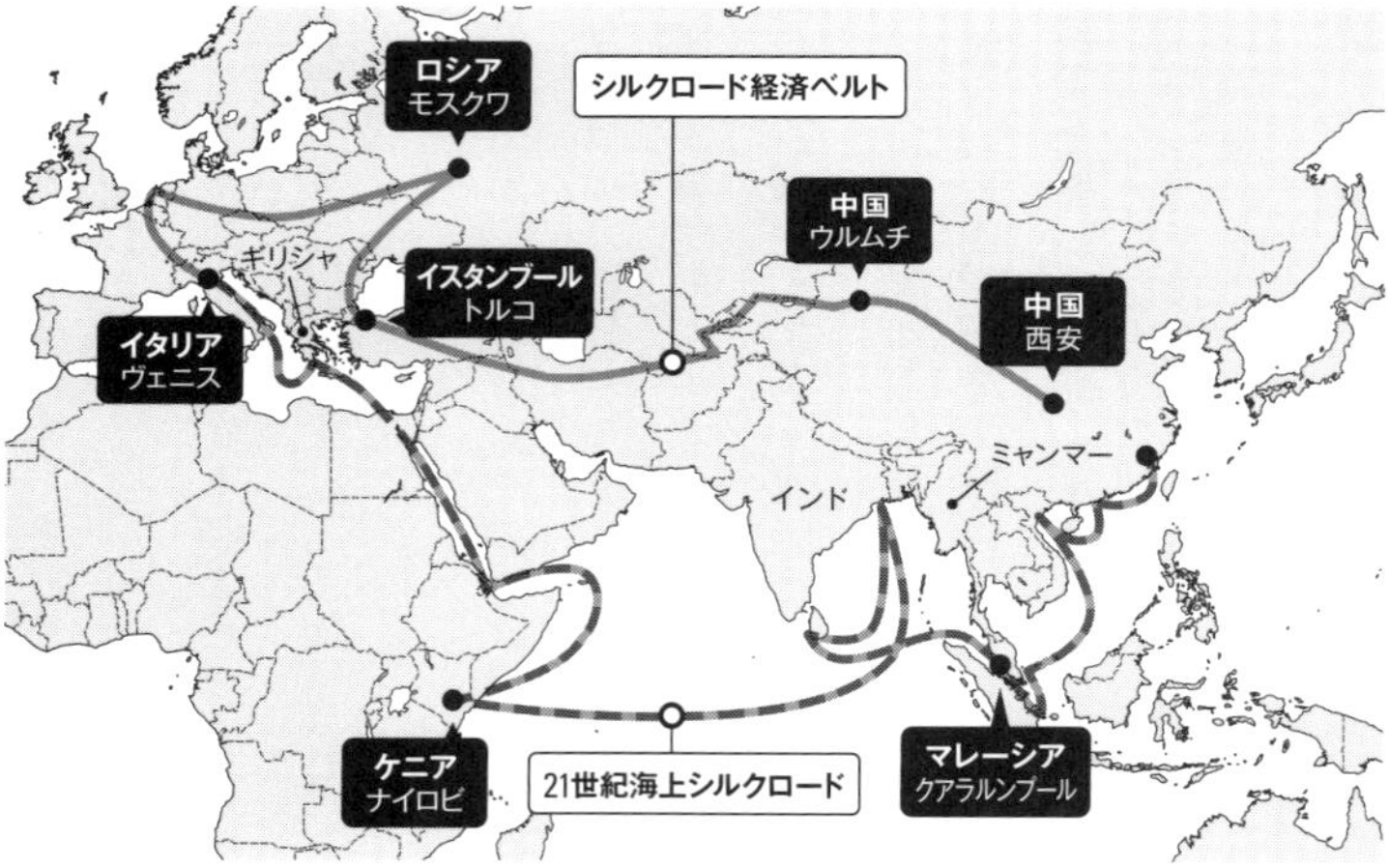

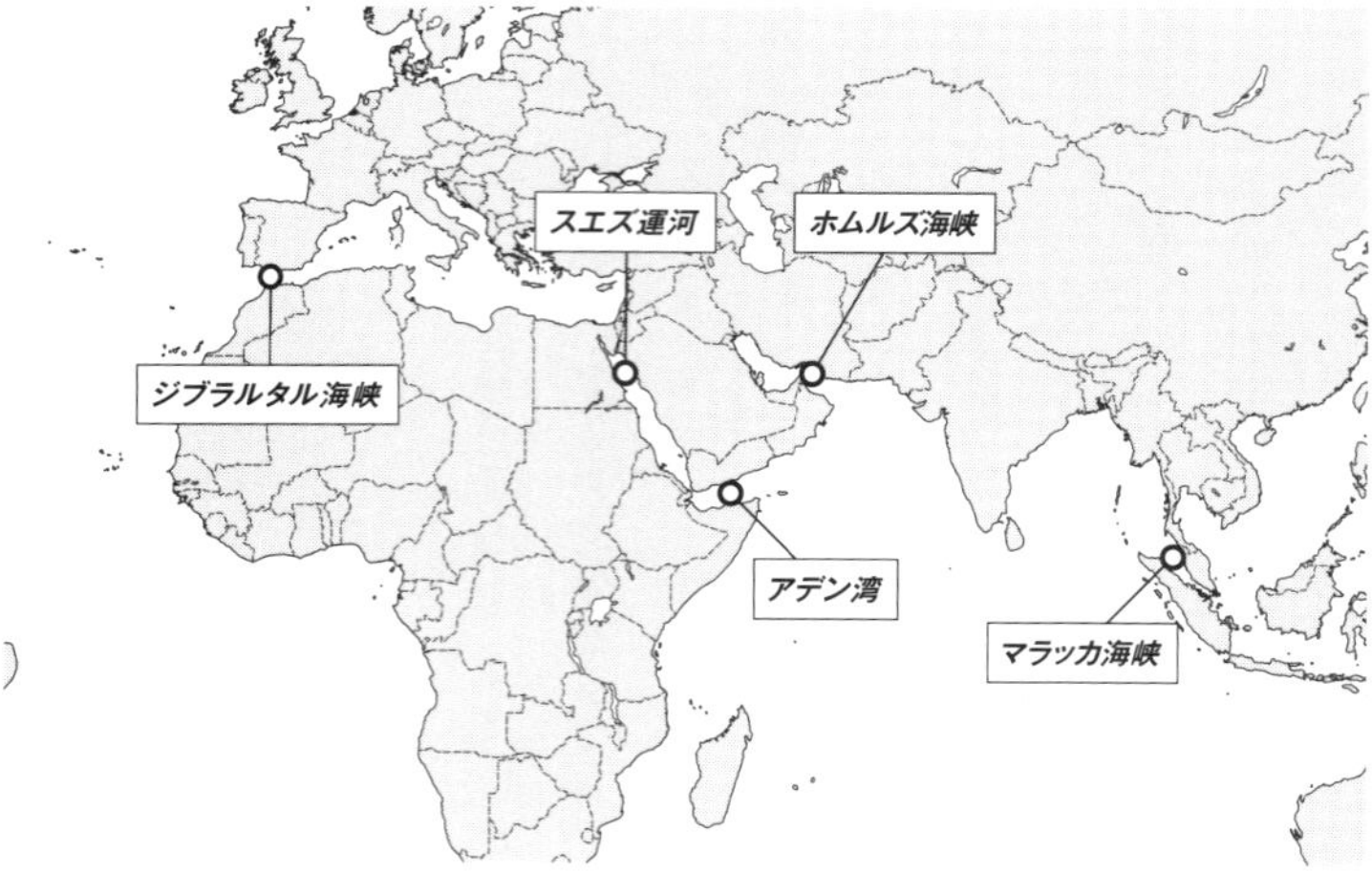

衛・遠洋護衛」型にシフトしているとされています。2008年以降、海賊対処のためにアデン湾に進出し、日本の基地もある東アフリカのジブチに2017年から基地も設けました。そしてなによりも2014年に中国の習近平国家主席は「一帯一路」構想を発表します。

「一帯一路」構想とは、中国西部から中央アジアを経由しヨーロッパへと至るシルクロードとかつて呼ばれた陸のルートと、中国沿岸からマラッカ海峡を経てインド洋、アフリカ東岸からヨーロッパへと至る海のシルクロードとかつて呼ばれた海のルート、ふたつのルートによる経済圏の確立を中国主導で行う計画です。

実際、**中国はパキスタンやスリランカの港湾施設建設を支援し、自国の影響下に置いています。**これはまさにアメリカ海軍によるインド洋支配の阻止への布石といってもよいでしょう。

さらに、2017年には習近平国家主席はトランプ大統領に対して太平洋2分割を示唆する提案をします。第二列島線を含む西太平洋を中国の勢力圏に、そして東太平洋をアメリカへとの提案は、日本の安全保障を直接的に脅かすものでした。

実際にアメリカが第二列島線以東まで後退することはありませんでしたが、中国軍の近代化は、尖閣諸島への侵入の試みや南沙諸島の実効支配化など、第一列島線内での支配力強化に繋がり、「一帯一路」構想によってインド洋での影響力を増強させ、**アメリカ大統領に直接アメリカ海軍のプレゼンスを東へと後退させろと要求できるまでの自信を中国に付けさせました。**

私たちの日常の風景を思い浮かべた時、安全保障は本当に遠い世界でしょうか。食卓を飾る料理のうち、カロリーベースで半分以上は外国に依存しています。部屋を照らす灯り、テレビを映す電気などは、ほぼ外国からのエネルギーによって作られています。石油を原料とするプラスチック製品もまた同様です。日本の繁栄を支える企業活動も、外国との取引に多くは依存しています。自分たちのレンガ造りの家の中だけでは、生活が成り立たないのが日本の現実です。

そして、外国との取引で入手できた資源や外国との交易は、シーレーンやチョークポイントを経由して海路運ばれます。海賊が出没したり、政情不安による海域の混乱や、周辺国の影響下の海域を通る必要があり、それこそ自衛隊による軍事的な安全確保が必要なケースも存在します。

「はじめに」において、安全保障の定義として安全保障＝「国家」が「国家に脅威をもたらす敵」から「領域・国民・国民の財産」を「守る」

と記しました。その上で、貿易をこの定義に付け加えるならば、

安全保障＝「国家」が「資源不足」から「国民の安定的な生活と経済の発展」を「貿易」によって「守る」

とすることができます。

私たちの安定的な日々の生活や経済活動は、外国産の資源によって支えられており、その不足は私たちの生活だけでなく、国家全体にとっての危機、国家の安定＝安全保障が脅かされることを意味します。

貿易は経済面での国家の安全を保障するものであり、特に日本のような地下資源に乏しい国にとっては、まさに生命線となります。明るい電気の下で美味しく外国産の

食事を楽しむ。そんな私たちの当たり前の生活の中にも、安全保障は深くかかわっているのです。

SEVEN

4

WAYS

—— 第４の道 ——

科学技術論

「戦場無人化時代」の課題

THE SEVEN WAYS
OF DEFENDING NATIONAL SECURITY AND FRONTIER

狼のリベンジを科学技術で防ぐ

三匹の子豚において、藁の家を造った長兄、木の家を造った次兄は狼を撃退することはできず、レンガ造りの家を作った末弟だけが狼のひと吹きでも家を吹き飛ばされず、そして撃退に成功します。これは末弟が頑丈な家を建てたからに他なりませんが、見方を変えればレンガ造りの家を建てる技術を持っていたから、ともいえます。仮にレンガ造りの家や鉄筋コンクリート製の家を建てるアイデアを持っていたとしても、材料そのものや、材料を買う資本力がなければ始まらず、そして建てるための技術がなければ材料があっても建てられません。狼の撃退は、アイデア、資本力、材料集めの勝利であると同時に、技術力の勝利でもあります。

物語では、狼の次なる襲撃は描かれていませんが、二度と襲撃してこないとは限らないでしょう。そのような危険性がある中で、慎重な末弟が次なる狼の襲撃をただ待っているとは思えません。より積極的な防衛策を考えるかもしれません。

たとえば、狼を事前に発見すべく、ドローンによる警戒監視を行うことも有効でしょう。また、レンガ造りの家及びその庭の外周に電流が流れる鉄線を張り巡らせ、

SEVEN 4 WAYS

第4の道

科学技術論

「戦場無人化時代」の課題

狼の侵入を阻止することもできるでしょう。それでも侵入を許した場合、動くものに反応して光る防犯灯を設置するのも先手を打つには効果的ですし、非力な子豚が狼と対峙するにあたって、唐辛子スプレーなどの携帯は有効な手段だと思われます。

狼の意思とタイミングに合わせた次の侵入をただ待つより、積極的に侵入を防ぐ策を講じた方が危機回避をしやすく、三匹の子豚の安全をより保障することになります。そして、これらの効果的な危険回避の手段は、単純な力による防御策ではなく、科学技術による防御策です。

軍事的側面なくして語れない科学技術

科学技術の発展は、軍事的側面を抜きに語ることはできません。航空機の誕生は、空への憧れからだったかもしれませんが、複葉機から単葉機、レシプロ機からジェット機へ、ヘリコプターやオスプレイのようなプロペラの角度を変えるティルトローター機など、１９０３年のライト兄弟による動力飛行の成功から１００年程で、ここまで発展した背景には、航空機が軍事的に有用であり、多額の費用と多くの人材がその開発に割かれたことにあります。

そんな航空機の技術がさらに発展し、人類は宇宙空間へも進出するようになりますが、宇宙へと人やモノを運ぶ「ロケット」は、「ミサイル」技術をベースにしています。超長距離を飛行し敵陣地や敵国を攻撃するミサイルは、現在の安全保障には欠かせない存在であり、より高性能なミサイルを生み出す過程において、宇宙開発・探査を行うロケット技術もまた人類は獲得してきました。

そして、現在の人類に欠かせない存在にまでなったインターネットですが、こちらも安全保障との関係を抜きには語れません。世界で初めて運用されたコンピューターネットワークであり、インターネットの原型となったARPANET（アーパネット）は、その目的が軍事的なものであったか否かで議論が分かれますが、アメリカ国防高等研究計画局（通称DARPA〈ダーパ〉：設立時の名称がARPA〈アーパ〉）によって研究され、開発された事実は動きません。同機関では他にGPSなども開発されており、科学技術の発展と安全保障との関連は直接的、間接的、関連性の高さ、深さはそれぞれですが、切っても切れない関係といえます。

科学技術の進歩は、私たちの安全を保障する上で非常に深い関係にあります。人類の最初期における争いがこん棒などによる殴り合いだったと想像してみてください。
その時点においても、自分たちが所属する集団に対する安全保障の方程式は変わらず、人類初期の段階においても、

安全保障＝「集団」が「集団に脅威をもたらす敵対集団」から「集団の領域・生命」を「こん棒で戦う」ことで「守る」

とすることができます。「外交による融和」などは第6章で触れますので、ここでは軍事的敵対と科学技術の関係にフォーカスします。

武器と技術の発展

　こん棒同士で殴り合う争いの中、一方が弓や刀剣の技術を手に入れたらどうでしょうか。おそらく争いは一方的なものとなるでしょう。科学技術が安全保障に直接的な影響を及ぼした初期の段階です。

防御のために「強固な盾」や甲冑《かっちゅう》を生み出せば、被害を恐れずに前進する屈強な軍団を作り上げられるでしょう。この「強固な盾」ですが、ギリシャ神話に登場する女神アテナが用いる盾の名称が「イージス」であり、現在世界最強の防衛システムといわれる「イージスシステム」の「イージス」はこの盾に由来しています。**このイージス艦やイージスシステムという世界最先端科学技術とアテナの盾の関係を見ても、科学技術と安全保障の関係が見えてきます。**

人類はそこから攻撃のための距離を伸ばすように科学技術を発展させていきます。投石器＝カタパルトは紀元前5世紀頃から世界で使われ始め、20世紀となった第一次世界大戦においても手りゅう弾の投擲《とうてき》でカタパルトが用いられています。攻撃が長射程化することで、味方が攻撃を受けないアウトレンジから攻撃を加えることができるため、長射程兵器は同時に味方を守る防衛兵器ともなります。

強い矛があれば強固な盾が生まれますから、城壁は強固に造られるようになり、それこそ三匹の子豚の末弟が築いた「レンガ造りの家」と同じ原理で人類は建築技術も向上させていきます。

移動、攻撃の速度を上げるために世界中で馬を飼いならし、騎馬隊が誕生しますが、より強力な防御、攻撃兵器として鉄砲を人類は誕生させます。

1575年、織田信長、徳川家康の連合軍と武田勝頼の軍が戦った長篠の戦いは、その実像に関しては近年議論が多く交わされていますが、騎馬隊を多く率いる武田軍が、馬防柵《ばぼうさく》と野戦陣地で守りを固め、効果的に鉄砲を配置した織田軍に攻撃を仕掛け敗北した事実は変わりません。そもそも約3万と約1万5000といわれる倍近い開きがある数的優位はありますが、**攻撃速度の速い武田騎馬隊に対して、織田軍が鉄砲を効果的に用いて勝利していることは、科学技術と安全保障を考える上では重要です。**

その後、さらに長射程の大砲が日本史にも登場しますが、1614年の大坂冬の陣では、豊臣方の真田信繁（幸村）が守る真田丸での戦いにおいて、城の防御と鉄砲を効果的に使う真田信繁に対して痛手を被った徳川方ですが、その後は大砲を用いて南北から大坂城内に対して長射程の攻撃を行い、徳川方有利の和議を勝ち取っています。ここでも、攻撃の長射程化が効果を発揮しています。

長射程を巡る科学技術の進歩はその後も続き、大砲は長射程化が進み戦艦大和の主砲の射程は42キロにも及び、航空機はより長距離での作戦を可能とさせ、さらにロケット、ミサイル技術が確立されると大陸間弾道ミサイルが誕生し、大陸を越えての攻撃が可能となり、世界中が戦場になる危険性を秘めるようになりました。

そして、２０１８年、ロシアは原子力ミサイルの開発成功を発表します。液体や固形の燃料ではなく、原子力を動力とするミサイルですので、その航続距離は理論上は無限大となります。飛行軌道は長射程を飛ばす場合でも弾道である制約から解放され、発見されにくい低空を無限に飛び続けるミサイルが誕生したこととなり、そのミサイルは長射程兵器を極めた兵器ともいえます。

情報ＲＭＡ

ＲＭＡとは、Revolution in Military Affairs の頭文字で、日本語では「軍事における革命」と訳されます。軍事を用いて政治体制を変革させる「軍事革命」とは別の存在であり、軍事に関連した革命的な変革を指します。

有名な例としては、第二次世界大戦期のドイツの電撃戦が挙げられます。戦車も航空機も第一次世界大戦期には登場していましたが、その運用が戦局を一変させることはありませんでした。しかし、ナチスドイツは航空機を用いて最前線の一点を攻撃し突破口を作り出し、そこを戦車部隊が一気に奥深くまで突入し、破壊されると作戦に支障をきたす司令部や輸送部隊を制圧するという画期的な運用法を用いることで、短期間に小兵力で最大限の成果を挙げました。

このような、軍事に関連する画期的な新しいアイデアのことをＲＭＡと呼びますが、近年はその中でも特に情報部門での進歩が著しく、それらを特に「情報ＲＭＡ」と呼び、現在の安全保障では欠かせない存在となっています。

「情報ＲＭＡ」と呼ばれるものには、最先端科学技術とその効果的な運用というハード・ソフト両面での革新的なアイデアが詰まっています。

軍事偵察衛星を用いた宇宙からの偵察監視。高性能レーダーによる早く正確な敵の位置情報把握。敵の情報網を邪魔、破壊する科学的手段。各部隊、各艦・各機・各車をコンピューターネットワークで繋げてデータリンク化し、情報を共有させる。ＧＰＳなどを用いた誘導システム。人間の意思決定をサポートする高性能情報処理システムによる優先目標の提示。などなど情報に関する様々な最新の科学技術が、戦場、戦闘の在り方を大きく変えました。

各技術の詳細についての解説は本書の目的とするところではありませんので省きま

すが、これら最新技術が軍事的戦術、戦略上可能にしたものは非常に多い一方で、これらの発想の多くは古くから人類が戦場において試行錯誤を繰り返してきたものでもあります。

たとえば、軍事偵察衛星や高性能レーダーによる敵情の把握は、斥候、偵察、忍者、スパイなどが古来より担ってきた情報収集の延長線上にあります。**戦国時代でいえば、武田信玄は狼煙《のろし》を用いた情報伝達を使い、遠くの国境で敵に動きがあっても、狼煙のリレーによる伝達ですぐに情報を得られるようにしていたといいます。**この狼煙のリレーによる情報伝達は、万里の長城にも類似の遺構が残っていたり、モンゴル帝国でも同様の連絡手段を用いていたりしたとされます。

歴史に学ぶ部隊間の情報共有

部隊間での情報共有と連携に関しては、紀元前２１６年の第二次ポエニ戦争時のローマ軍とハンニバル将軍率いるカルタゴ軍によるカンナエの戦いから話を始めたいと思います。

カンナエの戦い陣形

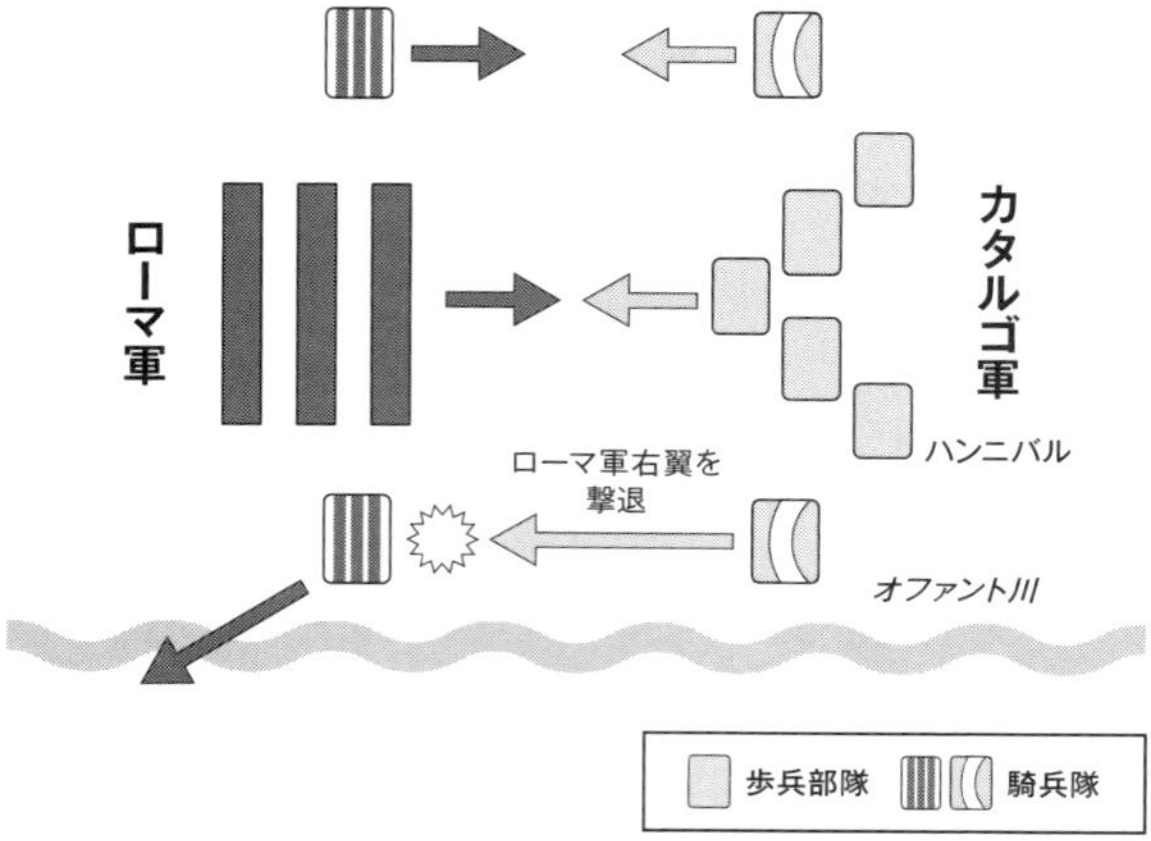

兵力に勝るローマ軍は中央に主力を置き、中央突破を図る陣形を採り、少数のカルタゴ軍は被害を想定して中央を厚くする一方、主力は両翼の騎兵とします。

そして戦闘が始まると、中央ではローマ軍が優勢に戦いを進めますが、厚くしなやかに布陣させた陣形が幸いしカルタゴ軍は突破を許しません。その間に両翼の主力の騎兵がローマ騎兵、同盟軍騎兵を破り、ローマ軍中央を包囲する形に展開します。少数が多数を包囲するという形となりますが、包囲されたローマ軍はパニック状態に陥り、この戦いでローマ軍は大惨敗を喫します。

このカンナエの戦いは包囲殲滅作戦の教科書とされ、日露戦争時には日本軍も奉天会戦において多数のロシア軍を包囲する戦術を採り、勝利を収めています。

しかし、この作戦を勝利に導くためには、軍中央部隊が劣勢の中で損害を出しつつも突破を許さず耐える必要があります。

作戦意図を周知し、情報を的確に共有できていなければ、劣勢の中央から崩壊する危険性があり、それが現れたのが先述した長篠の戦いといわれています。 倍近い兵力差のある織田・徳川連合軍に対して、武田軍は左右両翼に第四次川中島の戦いにおいて主力である別動隊を率いたような歴戦の将を配置し左右両翼の突破を図ります。実際、真田隊などは馬防柵を突破したとされますが、包囲するより先に一族衆の多い中央部隊がほぼ自主的に撤退を開始、左右両翼が取り残される形で武田軍は大敗を喫します。意思統一と情報共有のなさが生んだ敗戦といえます。

さらに、兵器の誘導システムに関しては、ある程度科学技術が進歩した20世紀以降、その萌芽は「情報ＲＭＡ」と呼ばれる以前から散見できます。

ゲームではない実際の戦場となれば、矢玉、砲弾などには限りがあり、経済性においても、効率性においても、でき得る限り敵に命中させることが求められます。科学技術の進歩以前は、それを射手、砲手の練度と技量によってカバーしていましたが、それでも確実に命中させることは難しく、長射程での砲撃や高高度からの爆撃となれば目標に命中する確実性ではなく確率を上げるために目標周辺に大量の砲爆撃を集中させる方法が採られていました。

では、確実性を向上させるにはどうするのか。それは誘導でした。

誘導爆弾は、第一次世界大戦期にドイツ帝国が実戦投入し、その後第二次世界大戦期にナチスドイツがそれをさらに発展させ戦果も挙げています。人が砲弾、爆弾、魚雷となり、誘導すれば命中精度が上がる、それが特攻隊を生む素地となってしまいますが、科学技術が進歩すれば人ではなく科学が誘導し命中精度を向上させてくれます。実際に、太平洋戦争時の日本陸軍でも特攻ではなく誘導システムによる爆弾の開発に取り組みますが、終戦までには完成しませんでした。

現在では、数キロ範囲の戦場で用いる誘導弾や魚雷、ミサイルから、射程数千や数万キロ、果ては無限に飛行するミサイルまで、その多くはなんらかの誘導システムによって目標に向かっていきます。レーザーを用いる誘導や、GPSを用いる誘導など、

郵便はがき

お手数ですが
切手を
お貼りください

150-8482

東京都渋谷区恵比寿4-4-9
えびす大黑ビル
ワニブックス 書籍編集部

お買い求めいただいた本のタイトル

本書をお買い上げいただきまして、誠にありがとうございます。
本アンケートにお答えいただけたら幸いです。
ご返信いただいた方の中から、
抽選で毎月5名様に図書カード(1000円分)をプレゼントします。

ご住所 〒 TEL(　　-　　-　　)	
(ふりがな) お名前	
ご職業	年齢　　歳 性別　男・女
いただいたご感想を、新聞広告などに匿名で使用してもよろしいですか？ (はい・いいえ)	

※ご記入いただいた「個人情報」は、許可なく他の目的で使用することはありません。
※いただいたご感想は、一部内容を改変させていただく可能性があります。

●この本をどこでお知りになりましたか?(複数回答可)

1. 書店で実物を見て　　2. 知人にすすめられて
3. テレビで観た(番組名:　　　　　　　　)
4. ラジオで聴いた(番組名:　　　　　　　　)
5. 新聞・雑誌の書評や記事(紙・誌名:　　　　　　　　)
6. インターネットで(具体的に:　　　　　　　　)
7. 新聞広告(　　　　新聞)　　8. その他(　　　　　　　　)

●購入された動機は何ですか?(複数回答可)

1. タイトルにひかれた　　2. テーマに興味をもった
3. 装丁・デザインにひかれた　　4. 広告や書評にひかれた
5. その他(　　　　　　　　)

●この本で特に良かったページはありますか?

[　　　　　　　　]

●最近気になる人や話題はありますか?

[　　　　　　　　]

●この本についてのご意見・ご感想をお書きください。

[　　　　　　　　]

以上となります。ご協力ありがとうございました。

その方式は色々とありますが、科学の進歩が安全保障における効率性と戦場の在り方を大きく変えました。

「情報ＲＭＡ」によって、**安全保障上の「できること」の可能性は、科学技術の進歩により飛躍的に広がりましたが、「やろうとしていたこと」に関しては、歴史上の戦も現代戦も、実はあまり大きな差はないように思います。**

少しでも早く敵情を掴みたい。情報を制したものが戦を制するのは数千年前の戦闘から変わらず、そのために人類はより遠方の情報をより正確に掴むべく情報収集手段を発達させてきました。馬に乗り、車に乗り、飛行機に乗り、それが現在では高性能レーダーや偵察衛星で目視できない地域まで監視できるようになりました。

その情報を早く伝達したい。早馬を駆けさせ、狼煙を上げ、伝書鳩を用い、無線を用い、少しでも早く遠くまで情報を伝達させるべく、技術を磨いてきました。コンピューターネットワークで各部隊、各機、各個人を繋ぐことで、瞬時に必要な情報が共有できるようになりました。

遠くの敵をこちらが反撃を受けない状況で攻撃したい。人類が最初の段階から技術を積み重ねてきた分野です。そのため、現在ではミサイルがこの分野の先端兵器となっています。**平成30年版防衛白書には「スタンド・オフ・ミサイル」に関する記述が登場します。**これは、現代の科学技術の進んだ安全保障環境において、自衛隊の戦力で緊急事態に対応するためには、相手国のレーダー覆域や対空ミサイルの射程内に入る必要性があり、それでは隊員の安全を脅かすことになってしまいます。そのため、相手国の射程外から侵攻部隊に対処するための手段として、「スタンド・オフ・ミサイル」の導入を目指すこととなりました。

「スタンド・オフ」とは相手の射程外のことを指し、一般的には相手の対空ミサイル射程外から、航空機によって発射される巡航ミサイルのことを指します。ただし、防衛大臣は「巡航ミサイル」とは明言していませんので、日本独自のミサイルが開発されるのかもしれません。どうなるにせよ、相手の射程外からの攻撃を目的とした兵器が開発されることになります。

こうして見ても、安全保障分野において、人類は常に「距離」と戦ってきました。そして様々な戦略的、戦術的欲求と工夫を実現させる上で、科学技術はその距離の制約を縮める手助けをしてきたといえます。

戦場の無人化

これからの安全保障分野における科学技術は、どこに向かっていくのでしょうか。80年代に「スターウォーズ計画」がアメリカにあったことは先述しましたが、映画『スターウォーズ』的世界に向かうのか、はたまた『ガンダム』的世界に向かうのか。共にSF世界における金字塔的作品ですが、おそらくそのどちらも異なるでしょう。**現在の戦場は、アイザック・アシモフ氏のSF文学の古典的名作『われはロボット』や手塚治虫氏の歴史的名作『鉄腕アトム』的世界に向かって進んでいます。**

前者の作品と後者の作品の違いはなにか。それはスターウォーズもガンダムも人が操縦し、兵士である人間が前線で戦闘を繰り広げますが、後者の作品では主人公はロボットであり、ロボットが人のために働く世界がそこにあります。

科学技術が支配する現代の戦場においても、人が銃を取り、人の血が流れています。しかし、科学技術が兵器をより遠方へと飛ばし、誘導し、操作できるように現在進行形で進歩していることで、戦場の前線における人の重要性は確実に低下しています。

私たちはドローンを娯楽として楽しみ、人が入れない自然環境の撮影などに用いたり、学術調査や農業分野での使用、今後は配達やタクシー分野への進出など、多方面で活用を行っていますが、当然このドローンもまた軍事技術の転用です。

無人偵察機、無人ヘリが偵察任務を担うようになり、人的被害を恐れることなく、危険な敵地への侵入が可能となりました。その技術の先にドローンがありますが、こうなると一般的な兵器に比べ遥かに安価で構造が単純なドローンは最新鋭の軍隊だけでなく、組織力に劣る民兵組織や武装勢力にとっても入手可能かつ改造可能な「兵器」となります。

ドローンの流通分野への研究が進んでいますが、戦場においてはすでに爆弾の配達を行っています。ドローンが偵察し、目標を発見後爆弾を投下、そんなドローンを阻止するためのドローンの展開。そんな戦場の無人化はすでに始まっています。

また、戦術的に使用する安価な兵器としてのドローンではなく、大国が技術の粋を集めた戦略的に使用する高額の無人偵察機となると、戦場は無限に広がります。アメリカから衛星経由の遠隔操作でアフガニスタンやイラクを飛行し、標的に対して爆撃やミサイル攻撃を行っています。２００３年のイラク戦争時には、アメリカ軍の無人偵察機とイラク軍のＭｉＧ－25が交戦し、有人機と無人機による世界初の空中戦が行われました。まさに戦場の無人化に向けて歴史が動き出した、戦場の新時代の幕開けを告げるできごとといえます。

一方、**旧日本海軍というと、防御の弱い航空機や特攻攻撃など、人命を軽んじているようなイメージを持たれたりもしますが、高射砲の訓練用の標的機を無人化（一式標的機）したり、九四式水偵を完全無人化させ、無人攻撃や自爆攻撃用にする研究を進め、開戦前に実験段階では成功させていました。**

戦局の悪化によって、実戦配備化には至りませんでしたが、戦前期から兵器の無人化への取り組みを行っていました。そして現在、自衛隊にもいくつかの無人機が導入されています。

遠隔操縦観測システムは、偵察を目的とした無人ヘリですが、災害やテロへの対応など幅広い情報収集が可能であり、実際に民生用の発展型機では農薬散布や火山観測など幅広い用途で用いられています。そして、自衛隊ではより性能を向上させた新無人偵察機システムを２００７年から調達しています。

他にもスキャンイーグルやＪＵＸＳ‐Ｓ１など全翼式の無人偵察機を調達し、隊員への脅威をなるべく排除しながら、危険地帯の偵察や幅広い情報の収集に当たる兵器が日本でも実用化されています。

さらに、無人の小型戦車も開発が進んでいます。こちらも歴史は古く、第二次世界大戦期にはドイツ軍が「ゴリアテ」と呼ばれる無人戦車を開発しています。連合軍はこれを「動く地雷」と表現しましたが、戦車のようにキャタピラを持つ1・5メートル程のケーブルで繋がれた小型の遠隔操作戦車で、武装はないですが、爆薬を積み、敵地に入り込み自爆することが目的の兵器でした。

しかし、航空機と異なり陸上を低速で進むため、遠隔操作するためのケーブルを切断されてしまうと動けなくなってしまう欠点があり、あまり戦果を挙げられませんでした。また、ラジコン戦車であるソ連軍のテレタンクや、実戦投入はされなかった日本陸軍の遠隔操作機材い号など航空機同様に戦車も無人化の研究は進められましたが、戦局を変えるような戦果はありませんでした。

無線技術やＡＩ技術が向上すると、航空機同様に遥かに離れた後方から操縦し、攻撃することも可能となり、ゴリアテのようなキャタピラ式の機銃を備えた無人戦車や物資輸送用にかつて軍馬が担っていた任務を代替する四本足の輸送用ロボットなども開発されています。

『ターミネーター』が現実になる

戦場が無人化することは、運用する側としては兵士を危険に晒すことなく、遠方からの偵察、通信、攻撃が可能となり、「距離」と「人命」という安全保障にかかわるふたつの制約を取り払うことができます。**しかし、兵士と戦場との距離が離れることで生じる問題も浮上しています。それは、戦場の遠方にいる運用する兵士の問題と、戦場の現場における誤爆などの問題に分けられます。**

遠隔操作での無人機の操縦は、現在では自国の安全な基地内で可能です。そうすると、極端にいえば、子供を学校へ送り、基地に出勤し、遠隔操作の無人機によって戦場で人を殺傷し、時間が来たら自宅に戻り、子供と遊んだり、友人とパブで一杯やる、そんな生活も可能となります。

平穏な日常と、モニターの中の戦場、一見するとテレビゲームのような世界ですが、実際に戦場では人が死んでいますし、国際政治がそこで動いています。長く戦場の近くにいることで、緊張感を持ち、凄惨な現実に対する覚悟と耐性を持つことができますが、平穏な日常の中に身を置くことで、兵士といえども戦場の現実に対する覚悟をどうしても持ちにくくなります。そのため、**自分や家族、近所の平穏な日常と戦場の凄惨さの間のバランスに悩み、精神的なストレスを抱える無人機パイロットが増加している現実があります。**

また、戦場がモニターの中にあることで、情報が誤りだったりした場合の確認が難しいため、誤爆が起こりやすい問題があります。これは、無人機が戦った相手が正規軍ではなく、民間人に紛れ込んだテロリストのケースが多いことも要因となりますが、実際に無人機による民間人誤爆の例は少なくなく、モニターを見てジョイスティックで操縦することもあり、「テレビゲームのように人を殺す」と批判をされたりもします。

さらに、現在開発が進む無人戦車では、遠隔操作を超えて、人工知能（ＡＩ）による識別によって自動的に攻撃する「自律型致死兵器システム」の登場も予測されています。こうすると、ＡＩの判断によって敵と認定された人への自動的な攻撃が起こってしまい、**映画『ターミネーター』や『アイ・ロボット』が描いた世界のようなコンピューターの暴走さえ、遠い夢物語ではなく、「あり得る危険性」となってしまいます。**

科学技術は、有史以来私たち人類の生活に密着し、そして多くの恩恵を与え、生活の質を向上させてきました。特に、急速に科学技術が進歩した20世紀以降、電気、ガス、コンピューター、人工衛星を介する通信など、私たちの生活は科学技術とは切っても切れない関係となりました。

サイバースペースで起こる「戦争」

生活を豊かにするために当たり前に存在する科学技術だからこそ、そこに安全保障の鍵が存在することを普段は実感しにくいですが、科学技術こそ、有史以来人類が安全保障上の様々な距離を縮めるために創意工夫、努力を重ねてきた分野となります。

第２章で記したように、東西冷戦時にソ連を崩壊に追い込んだのは経済の疲弊でした。そして、その経済を疲弊させたものは科学技術でした。

大陸という距離を越えて核兵器を撃ち込める大陸間弾道ミサイル、その距離の利点を無効化させ得る宇宙空間からのミサイル防衛計画（＝スターウォーズ計画）に対する科学技術面での対抗措置を迫られ、ほぼ一方的だったアフガニスタンの抵抗勢力に対してアメリカが地対空ミサイルを供与し、空中からのミサイル攻撃という距離と空間の有意性を相殺され被害が重なっていくことで、ソ連経済は着実に疲弊していきました。

科学技術の存在は、戦場における戦術面でも安全保障に大きな役割を果たしますが、より広く経済など国家レベルの安全保障体制にも大きな影響を与えることになります。

現在、世界の安全保障の最前線は、人間同士が銃を撃ち合う戦場だけではありません。**宇宙、そしてサイバースペースこそが大国同士がせめぎ合う最前線となっています。**

アメリカ軍には、陸軍、海軍、空軍、海兵隊、沿岸警備隊と5つの軍があります。このうち、陸・海、空・海兵の4軍は10個ある「統合軍」に編成されています。そのうち6つは世界の地域を6つに分けた地域別統合軍であり、残りの4つは機能で分けられています。特殊部隊が属する特殊作戦軍、戦略的な輸送を担当する輸送軍、核兵器と宇宙空間を担当する戦略軍、そして2018年に統合軍に昇格したアメリカサイバー軍です。**宇宙軍もスターウォーズ計画発表後の1985年に設立され、それが2002年に戦略軍に整理統合された経緯がありますが、2018年現在再び11番目の統合軍として再創設が検討されています。**

80年代のスターウォーズ計画は頓挫しましたが、偵察衛星による監視、GPSによる誘導など、宇宙空間は安全保障にとって切っても切れない最前線となりました。

また、インターネットを介した情報伝達や広報活動がなされる中、サイバースペースへの攻撃や防御は重要性を増しています。**サイバースペースには国境がないため、常時大国間でのハッキングの応酬戦が繰り広げられているとされ、「宣戦布告なき戦争」といわれています。**

日本でも、２０１４年にサイバー防衛隊が設立され、２０１８年の防衛大綱に「サイバー攻撃能力」保有の可能性について触れるなど、**サイバースペースの防衛は科学技術をベースに立国する国家の安全保障にとって、切り離せない重要な問題となっています。**

科学技術を制する者が安全保障を制する。それはこれまでの人類でも、これからの人類でも変わらないと思われます。だからこそ、科学技術を発展させることにも繋がる教育の存在は非常に重要となります。

SEVEN

5

WAYS

第５の道

教育論

感情論抜きの「国家防衛教育」

THE SEVEN WAYS
OF DEFENDING NATIONAL SECURITY AND FRONTIER

レンガを積んで油を沸かせ

三匹の子豚の末弟は、レンガを積んで家を建て、狼の侵入を防ぎ、大鍋に油を沸かし狼を撃退しました。これはなんの予備知識もなくできたことでしょうか。長兄、次兄は藁の家、木の家を建て狼のひと吹きで家を吹き飛ばされていますので、これは三匹の性格の違いなのか、教育水準の違いなのかは分かりませんが、安全に対するリスクと手間のアプローチの違いではあります。

バージョンにもよりますが、長兄、次兄がレンガ造りの家を建てている途中の末弟を茶化していることもあり、それぞれが何を素材に家を建てているのかの情報は共有されており、それぞれ家を建てるための基礎的知識と技術は持っていることが物語の前提となっています。その上で、レンガ造りの家を見て「凄い」との感想ではなく、茶化していることを考えれば、長兄、次兄は知識不足の結果では無く、リスク管理の結果藁や木の家を選択したといえます。

さて、ではなにが三匹を救ったのかといえば、当然ながらレンガ造りの家の頑丈さとなりますが、それは①レンガ造りの家が頑丈であるという認識と②レンガ造りの家

SEVEN 5 WAYS

第５の道

教育論

感情論抜きの「国家防衛教育」

を建てる為の知識と技術。このふたつを持っていたことがベースにあります。建てたいという意思と建てられるという知識は別ですので、このふたつを持っていた上で、これまでの章で論じてきた、建てることを可能にする経済力と技術力を背景に末弟は安全を確保しました。

また、食事の用意のためではなく、狼の撃退用に煙突の下で大鍋を用いて油を炊いています。これから起こり得る事態を想定し、それに対する予防措置として最も効果的な撃退方法を準備しているので、これもまた知識と技術があってこその措置となります。つまり、末弟の知識が母親によるものであるのか、三匹が学校でその知識を得ていたのかは物語の中では明示されていませんが、彼らの運命を分けたものは教育の結果であるということができます。

仮に三匹が同等の教育を受けていたとするならば、藁の家、木の家を建てる手間や費用と、狼が出現する危険性や自然災害時の耐久性などのリスクを天秤にかけて考慮し、その上で何を建築素材に選んだのかについては、リスク管理の上での「決断」に他なりません。

しかし、そもそもなにが危険であるのかを事前察知して可能性を把握すること、そのリスクに対して対処し得る策は何であるのかを知る事、実行し得る事は「知識」の問題です。平たく言えば、近辺に狼が出現することを知らないまま藁を積み上げて家を造ることしかできないことと、狼出現の可能性は把握し、レンガ造りの家の頑丈さも造り方も知った上で藁の家を選択することは、見える結果は似ていても、実態は異なります。

ある決断をする上で、様々な情報、知識を持っていれば、いくつもの選択肢から選ぶことが可能ですが、情報も知識もなければ、選択肢はそれだけ狭まり、様々な事態に対するリスクを排除することができません。

日本は核兵器も原子力を動力とする兵器も保有していません。そのため、当然ながら核保有国には含まれませんが、原子力分野での専門家の数、原発の運用実績、日本の技術力から、日本が核開発に舵を切れば数年以内に核保有国になるであろうとの認識が安全保障の世界では広く認知されています。

知識と技術はあるものの、それを選択していないだけ。先の三匹の子豚の例同様に、選択していないことと、核保有国になるための知識や技術が足りないことは異なります。**意思があっても持てない国と、意思がないから持たない国では同じように核戦力**

を保有していなくても、与える抑止力がまるで異なります。日本は核戦力を保持していなくとも、原子力の知識によって、一定の抑止力を保持しています。福島の件で大いに揺らいだ原子力政策ですが、原発の安全性の問題と、原子力分野での知識と経験を放棄することはまるで異なります。知識はそれだけで安全保障に繋がるのです。

教育の安全保障

銃の使い方や最新兵器の解説、自国を取り巻く安全保障環境についての授業などは「安全保障教育」ですが、そうではなく、すべての正しい教育は国の発展と深化に寄与し、自国の文化、伝統を継承させていく役割を担います。軍事的に国を守るのは兵器とそれを扱う軍隊となりますが、文化的、経済的に国を守っていくのは教育の役割であり、教育を通じた知の安全保障を私は「教育の安全保障」と呼んでいます。

つまり、**「教育」と「安全保障」の関係を考察すると、「国家の発展」と「文化の継承」というふたつの側面があります。**

まずは「国家の発展」について。義務教育にせよ、大学などでの研究活動にせよ、

SEVEN 5 WAYS

第５の道

教育論

感情論抜きの「国家防衛教育」

生涯学習にせよ、教育の現場で学習をしている際に「安全保障に寄与している」と感じながら授業を受けている人はいないと思います。防衛大学校での授業などでなければ、教育現場と安全保障との実感としての距離は遠く、結び付きを感じることはないと思います。私自身もそうでしたが、義務教育期間中の勉強は苦痛でしかなく、如何に楽しよう、サボろうかと思うばかりで、自分自身にも社会全体にとっても、この授業や試験が将来何に役立つのかなんて考えもしませんでした。

しかし、これまでの章を思い返してみてください。ひと言で安全保障といっても、必ずしも軍事的側面だけで国家の安寧を守っている訳ではありません。

経済が好調で国が豊かでなければ、優秀な兵器を購入することもできません。そしてその経済を支えているのは産業です。イギリスの経済学者コーリン・クラークによる産業分類法を借りれば、所謂第一次産業といわれる農林水産業においても、科学技術の進歩はそのまま生産性の向上に繋がっています。数学や化学をベースに農学が発展することで、より生産性の高い品種への改良が可能となり、工学をベースに効率性の高い農業機械が開発、生産され、データの収集や活用の発展によってより効率性の高い育成環境を構築できたりします。これは漁業や酪農分野においても同様です。G

ＰＳやソナーの活用、生物学からの生態系の解明や生産性の向上など教育や科学が第一次産業にもたらす効果は非常に大きなものがあります。

第二次産業といわれる製造業や建設業などは、まさに科学技術の分野であり、数学、科学などをベースとした技術の進歩がそのまま新製品の開発、生産性の向上に繋がっていきます。そして第三次産業と言われる金融業やサービス業、小売業などもまた、在庫管理、物流管理、顧客情報、金融商品開発などすべての分野において、その生産性の向上には科学技術の活用は必須となっています。

また、生産のベースとして理系分野の知識は不可欠ですが、加工貿易で立国している日本にとっては、一次エネルギーや資源の多くを海外から輸入し、国内で商品に加工した後、その商品を海外へ輸出しなければなりません。異なる文化、言語を持つ海外との交渉においては、語学力はもちろん、社会学などの文系知識が重要となります。

経済を発展させる様々な産業、健康的な社会を支える医療、世界の中で国益を主張する外交など、様々な場面において私たちが学校で学んできた知識はベースとなり、私たちの生活と共に日本全体を発展させ、それが日本の安全保障にも寄与しています。

アメリカの国家防衛教育法

国家の発展と安全保障を、教育の面から変えようと試みた施策として、1958年にアメリカで施行された「国家防衛教育法」があります。

第2章において、冷戦の終結にはアメリカのスターウォーズ計画が影響したと記しましたが、結局は現在に至っても実現していない同計画をソ連が信じた背景にはアメリカの宇宙開発力、科学技術力の高さへの畏怖があります。アメリカの科学技術力をベースとした新型兵器がアフガニスタンへ侵攻したソ連軍を悩ませ、逆オイルショックもあり、スターウォーズ計画に対抗する兵器の開発をする経済的余裕を失わせ、科学技術、経済力、軍事力すべてにおいてアメリカに後れを取る状況となりました。

しかし、話を冷戦初期1950年代に戻せば、むしろソ連の科学技術力がアメリカにとって脅威となっていました。1957年10月4日、ソ連が人類初の人工衛星スプートニク1号を打ち上げ、その人工衛星の周回軌道に乗り電波の発信に成功したことは世界に衝撃を与えました。そして、**その「スプートニク・ショック」はアメリカの教育方針を大きく変更させることになります。**

宇宙開発のベースとなるミサイルですが、ミサイルを初めて実践投入したのは第二次世界大戦期のナチスドイツでした。そのため、米ソはドイツの科学者の獲得を急ぎ、アメリカはドイツ人科学者をソ連に先んじて獲得するための特殊作戦まで遂行し、ドイツの優秀な科学者を多数アメリカへと連行しました。ただ、ドイツ敗戦後、ドイツが東西に分裂したように、現実的には科学者たちもアメリカとソ連に分かれ研究を続けていくことになります。

1940年代のこの時点においては、アメリカは唯一の核保有国であり、ミサイル開発力もアメリカが優勢であると思われていました。それはつまり、第2章で記した「MAD＝相互確証破壊」が成立せず、アメリカが一方的にソ連に対して優勢を維持できることを示していました。

しかし、1949年にソ連が核実験に成功し、アメリカの唯一の核保有国という優位性は失われました。そして、1957年10月4日、ソ連は世界に先駆けて人工衛星スプートニク1号の打ち上げに成功します。このことは世界、とりわけアメリカに大きなショックを与えました。

宇宙開発競争においてアメリカが出遅れただけではなく、宇宙へと届くロケットを

ソ連が持つということは、ミサイル技術においてもアメリカがソ連に遅れていることを世界に示されてしまった形となりました。そしてそれは、ソ連の核が一方的にアメリカに撃ち込まれる、アメリカに反撃の手段がない形でのMADが成立しない状況が生まれたことを意味しました。

それに対するアメリカの対応は早く、翌1958年、アメリカ航空宇宙局（NASA）が設立され、同年「国家防衛教育法（National Defense Education Act）」を制定、1959年には科学研究に対する予算が前年から1億ドルも増額されるなど、国を挙げてソ連に追い付くべく科学技術分野への投資を始めることになります。

「国家防衛教育法」では、理系教育並びに外国語教育を重点的に拡充し、優秀な生徒に対する飛び級制度や奨学金制度の拡充によって、アメリカの大学進学率を格段に向上させることに成功しました。そして、その結果はスターウォーズ計画や米ソの経済力の差が冷戦終結への道筋を付けたことを考えれば、如何に国家安全保障に寄与したのかがわかります。だからこそ、子供たちへの学校教育に関する法律に「国家防衛」の文字も入っているのだと思います。

「ゆとり教育」が理系力に与えた影響

子供たちの理系教育の拡充が国家としての科学技術力を向上させ、外国語教育が外交力、交渉力を向上させていきます。そして、その科学技術力が産業を振興させ、経済、貿易分野で国際的な優位を築き、軍事的に優位に立つ最新兵器の開発にも繋がっていきます。

そのことを前提として日本の「ゆとり教育」を考えてみます。学習指導要領は1947年に告示され、51年、56年、61年と小規模の改訂の後は、約10年ごとに改訂されて現在に至っています。1951年、56年、61年を経て、71年の4回目の学習指導要領の改訂では、先のスプートニク・ショックを受けての学習内容の拡充が行われました。アメリカが翌年の1958年に教育改革に乗り出していることを考えれば、10年以上遅れての改革となりますが、アメリカの教育改革を「教育内容の現代化運動」と呼んだことにちなみ、「現代化カリキュラム」と呼ばれた1971年の学習指導要領の改訂によって日本の教育は大きく進みます。

しかし、カリキュラムが拡充したことにより、学習内容も増え、所謂詰め込み式の教育の様相を呈し、1980年の改訂では一転して授業時間が減らされることになります。**小学校の1年から6年生までの総授業時間で36時間、中学校3年間の総授業時間で385時間減ることとなりました。**このあたりの詳しい内容は拙書『教科書から読み解く日本の未来』（マイナビ新書）を参照していただきたいと思います。

この授業時間の減った1980年の学習指導要領の改訂をもって「ゆとり教育」の始まりとする説もありますが、私たちが一般的に「ゆとり教育」と称する狭義の「ゆとり教育」は、1992年の改定を経た2002年の7回目改訂からの教育を指します。71年までのカリキュラムに比べ、すでに授業時間が削られていた80年の授業時間から小学校6年間で409時間、中学校3年間で210時間がさらに削られます。

この狭義の「ゆとり教育」の結果は、日本の理系力の結果に表れることになります。2000年まで、日本は国際的な機関が実施する国際的な理系分野の習熟度を測るテストにおいて、トップ3を維持していました。**しかし、テストへの参加国の増加など、様々な要因はあるにせよ、「ゆとり教育」の導入以降、日本の理系分野のテストにおける点数も順位も徐々に低下するようになります。**

1958年に、教育を「国家防衛」の手段と捉え、理系教育の拡充を行い、宇宙開

小・中学校総授業時間推移

	小学生	中学生
1947年	5,565～5,915	3,450～3,570
1951年	5,780	3,150
1961年	5,821（+41）	3,360（+210）
1971年	5,821（±0）	3,535（+175）
1980年	5,785（-36）	3,150（-385）
1992年	5,785（±0）	3,150（±0）
2002年	5,376（-409）	2,940（-210）
2011年	5,645（+269）	3,045（+105）

発競争、科学技術競争、経済力、軍事力で世界を圧倒したアメリカと、子供の自主性を育てると学習指導要領で銘打って授業時間を減らして理系力を落とした日本、その教育がその時の子供たちのためになったのかはまだわかりませんが、少なくとも国家としての日本のためにはならなかったと思われます。

その後、２０１１年の学習指導要領の改訂で、授業時間も増え「ゆとり教育」には終止符が打たれることとなります。その学習指導要領の中では初めて国際的な理系テストについて言及されており、テスト結果の低迷が改定内容に影響を及ぼしていることを示唆しています。

文化的危機を食い止めた教育勅語

次に、「文化の継承」という教育の側面を見ていきたいと思います。

私たちが日本に暮らし、日本語を話し、和食を食し、節分や端午の節句など季節行事を楽しんだりしている日常も、すべては教育の賜物です。私たちは小学校に入学すると「国語」として日本語を学習します。日本の文化、日本の歴史、日本の社会について学び、その中で日本的価値観、道徳などを身に付けていきます。日々の食を通して日本の食文化を学び、日本の伝統や文化を継承しています。

ヨーロッパ人が進出した非ヨーロッパ地域において、現在ではヨーロッパの言葉を母国語とし、キリスト教を信じている地域は数多くあります。**元々その地域に住んでいた人たちは土地を失い、彼らの長い営みは歴史の中に埋もれ、独自の言葉や宗教を完全に失ってしまった地域も少なくありません。それは、それらを継承する教育がなされてこなかったからです。**

日本にも、そのような文化的危機は数多くありました。現在の中国に当たる地域から、仏教や律令制、漢字など様々な文化が流入する中で、日本が独自の文化を失ってもおかしくはありませんでしたが、漢字から平仮名を生み出し、仏教を日本古来の信仰と重ねたり、日本独自のアレンジをしたりして受け入れていきます。

また、16世紀に日本にヨーロッパ人が渡来しキリスト教が伝来すると、同時期にヨーロッパ人とキリスト教が進出した地域同様、ヨーロッパの植民地となる可能性もありました。しかし、この時、柔軟に受け入れつつも、**織田信長、豊臣秀吉、徳川家康など時の権力者たちが文化侵略並びに軍事的侵略を許しませんでした。**

一方、最も文化的危機に陥ったのは明治維新後の文明開化でした。

明治維新が起こった1868年、五箇条の御誓文が発せられますが、その中に「旧来ノ陋習《ろうしゅう》ヲ破リ」「智識ヲ世界ニ求メ」という文言が入っています。黒船の来航に始まる欧米列強の圧倒的な軍事力と科学技術を前にした日本にとって、欧米に追い付くことは急務でした。

幕末を代表する剣士集団である新撰組が、剣を捨て銃を取って戦うようになったことは、これまで記してきた安全保障における科学技術と戦闘における距離の重要性を物語っていますし、その剣の軍事力と権威で成立していた徳川幕藩体制を打ち破った明治新政府が知識を世界に求めることは当然の流れといえます。

その過程において、キリスト教が再び受け入れられ、キリスト教系の学校が作られたり、欧米の技術者、学者が招聘されたりするようになります。帝国議会はイギリスの議院内閣制をベースに作られ、帝国海軍もイギリス海軍の影響を受け、帝国陸軍はフランス式からプロイセン陸軍を参考にした形式で発展し、学制もフランスの方式に影響を受けるなど、急速に西洋の文化、システムが取り入れられるようになります。

このような日本の西洋化の中で、若き官吏の中には「旧来の陋習」とは封建制を指し、日本は天皇制を捨て共和制にすべし、との主張を公然と唱えたり、一橋大学を創設し、文部大臣にもなった旧薩摩藩士森有礼《ありのり》も、英語を日本の国語とすべし、と主張するなど、極端な西洋化の主張も聞かれるようになります。

これは極端な例ではなく、その素地は江戸時代からあり、開成所蘭学講師で幕臣であった前島来輔《らいすけ》（後の前島密《ひそか》）は、1866年にアヘン戦争に負けるなど清国の国力が衰退しているのは漢字にその理由があると「漢字御廃止之議」を徳川慶喜《よしのぶ》に建白したとされます。これに福沢諭吉なども明治に入り漢字を廃止すべきとの主張をしていますが、彼らに共通するのは漢字に変わり、仮名を用いるべきというものでした。しかし、急速な西洋化の中で、日本が遅れているのは世界に通用しない日本語にその理由がある、との主張へと展開され、英語教育に熱心になるあまり、日本語教育が疎《おろそ》かになり、「日本的なもの」が軽んじられる傾向が明治初期の教育現場にはあったといいます。

そんな折、若き明治天皇がある学校で英語の授業を見学されると、授業の一環で生徒が英語でスピーチをしたといいます。その生徒に対して明治天皇がその英語を日本語ではなんというのか尋ねたところ、生徒は日本語に直せなかったといいます。平成となり、**欧米式経営がもてはやされ、カタカナ語を多用して会議でプレゼンをするエリート社員、そんな欧米崇拝のような状況が、１００年も前、明治初期にも実はあったのです。**

欧米をモデルに教育を進めた教育政策の結果、日本古来の価値観などが失われることを危惧した明治天皇は、日本の歴史、日本の文化、日本的価値観を教育の骨格とすべく教育勅語の編纂を提案されました。

教育勅語を巡っては、様々な議論が現在でも起こっています。しかし、日本古来の伝統や価値観を守るという明治天皇の意思が、欧米に学び、欧米に追い付くことを急務とした時代の中でも自らの言語や風習を失わずに済んだ要因であり、文化的意味において日本を守り、日本文化の安全を保障した決断だったと思います。

今求められる教育

人を育てることは、国家を育てることです。明治政府は多くの有望な若者を欧米へと留学させ、彼らは最新の知識を吸収して帰国し、明治日本の発展に大いに寄与しました。人が育つことで、国家が発展していった好例といえます。

冷戦期に、アメリカがソ連に追い付き追い越す中で、教育を改革し、国家の科学技術力の向上を目指し、その長期計画を「国家防衛教育法」と名付けたことは、教育が国家安全保障に直結することを示しています。

国家が発展していくには、長期的なビジョンに基づいた明確な教育方針が必要となります。アメリカが理系教育に力を入れ、大学進学率を向上させるシステムを構築するなどして、国家全体の学力を底上げすることで宇宙・ミサイル開発分野においてソ連を追い抜いたように。

日本は残念ながら理系分野の優位性を、「ゆとり教育」の中で失ってしまいました。経済分野において、1991年のバブル崩壊から2002年の小泉構造改革による景気回復までの期間を指して「失われた10年」と呼びます。深刻な経済不況に陥った時期ですが、その10年の終わりに当たる2002年から導入されたのが「ゆとり教育」でした。その「ゆとり教育」は2011年の学習指導要領の改訂まで続きますが、この10年間で失われた日本の学力の方が、長期的には深刻かもしれません。

明治日本は、最新の知識を得るために欧米に学びました。一方で、文化的にも欧米

上位にはならぬように教育勅語を重石とし、日本の文化、伝統、道徳を未来に繋ぐことを忘れず、タイヤの両輪としました。

そして今、国家を前進させる理系教育の拡充と、国家を文化的に継承し未来に繋げる文系教育をバランス良く配し、10年、20年後を見据えた国家ビジョンを子供たちと共有する教育をしていく必要があります。

2011年の学習指導要領の改訂によって、「伝統」や「文化」の教育の充実が図られ、学習指導要領にも「我が国と郷土を愛す」の文言が見られます。それは1961年の中学校向け学習指導要領に見られた「愛国心は往々にして民族的偏見や排他的感情につらなりやすいものであることを考えて、これを戒めよう」との文言からは隔世の感があります。最新の教育では、和楽器、和装、日本の美術など日本の伝統や文化に積極的に触れる機会を設けるようにし、古文や漢文も中学生から小学生へと学習スタートの時期を早めています。

もちろん、それまで10年間「ゆとり」のあった教育を受けた世代から、突然授業時間も伸び、内容も濃くなった現役の子供たちにとっては大変なことだと思いますし、それに対する不満もあって当然だと思います。しかし、それらは学力、科学技術だけでなく、伝統、文化、風習などを含めた総体としての「日本」を受け継ぎ、そのまた先の世代へと繋いでいく非常に重要な行程となります。

また、他方で小学校からの英語教育もスタートし、プログラミングの教育も開始予定となっています。こちらも子供たちへの負担増であることは間違いありませんが、教育を安全保障的観点から捉えれば、非常に有用な教育であると思います。

前章でも記しましたが、現在の安全保障最前線にサイバースペースがあります。国境線がなく、国際的な交戦規定もなく、宣戦布告なく相手国の経済や情報網を妨害、破壊できるサイバースペースは、銃弾や爆弾が飛び交わないのであまり目立ちませんが、常に激しい戦いが繰り広げられているといいます。つまり、**サイバースペース戦争が現実の脅威としてどの国も逃れられない以上、防御用、反撃用のハッカーの育成、確保は各国にとって急務となります。**

中国サイバー軍のハッカー要員が数万から十万ほどといわれていますので、数百、数千という単位の要員では日本はサイバースペースを守ることも困難となってしまいます。サイバースペースの防衛は、軍や国家のネットワークだけでなく、インターネットに依存する私たちの日常の安定にとっても必要不可欠です。その意味において、国策でハッカー集団を子供の時から育成する目的ではありませんが、**プログラミングに関する基礎知識を国民が広く持つことは、国のサイバースペース防衛力を高める上では非常に重要な教育となります。**

英語教育に関しても、国際化する社会の中、経済や文化的分野においても英語での発信力、交渉力は重要となってきます。さらに、国際的な枠組みの中で国家規模の経済、貿易、安全保障といった問題を解決させていく外交交渉は以前にも増して重要となっており、語学に堪能な交渉官、外交力を高めるためにも、アジア先進国の中でも低水準にある日本の英語レベルの底上げは重要です。

未来を担う子供たちへの負担は大きいですが、国家の未来を担うからこそ、彼らが生きる時代に必要となる基礎知識を、教育の形で導くことは重要であり、アメリカが「国家防衛教育法」で成功したように、国家を守り、成長させていくための長期的な戦略となります。

SEVEN
6
WAYS

第6の道

外交論

話し合いという名の「戦争」

THE SEVEN WAYS
OF DEFENDING NATIONAL SECURITY AND FRONTIER

ある日、森の中……

「三匹の子豚」の物語の中で、三匹の天敵となるのは狼です。物語には豚と狼しか登場しませんが、「襲われたある日」だけを切り取らず、もう少し広く長い視点で捉えてみましょう。

子豚たちが普段から木の実などを分け合いながら熊さんと仲良くしていると仮定してみます。襲われてしまったあの日は、頑丈なレンガの壁と鍋で煮えた油で撃退しましたが、何度も同じ手が通じるかは分かりません。そのため、庭で作物を栽培したり、森に木の実を収穫しに行ったり、隣の森の狐と食料の貿易を行い輸入するような時に、熊さんが一緒にいてくれたら、それだけで安心となります。**「熊の傘の下」の安全保障の実現です。**

もっとも、伝統的に国を風刺的に動物で表す時、アメリカは白頭鷲、ロシアは熊、イギリスはライオン（厳密にはイングランドがライオンでスコットランドはユニコーン）、ドイツは黒鷲（元はプロイセンの国章）、中国が龍や獅子ですので、日本の安全保障の視点でいえば「白頭鷲の傘の下」となるのですが。

SEVEN 6 WAYS

第6の道

外交論

話し合いという名の「戦争」

狼が子豚たちを襲おうとした時、近くに熊がいれば手を出すことができません。しかし、熊をボディーガードとして雇うだけですと、非常に高額となるでしょうし、熊の機嫌次第で状況が変化してしまう熊依存度の高い安全保障環境となり不安定になってしまいます。

そのため、熊との間で共通の利益を作り上げることにします。子豚たちが得意の鼻を利かせてトリュフなど希少なキノコや木の実を採るのに長《た》けているのならば、熊自身彼らと長く交易を行い、体の大きさを活かしてそこにいるだけで幾分かの木の実を貰っている方が、メリットが大きくなります。

また、**熊との関係だけに特化せず、キツネやタヌキなどとも連携し、狼が誰かを襲えば、皆から嫌われるシステムを構築し、狼にプレッシャーをかける手法も有効となります。**

前者は二国間の同盟関係ですし、後者は集団安全保障となり、その両方を効率良く用いることが現在の国際関係のスタンダードとなっています。国家の安全を保障するものとして、経済力や科学技術をベースにした軍事力だけでなく、国際協調の中での立ち回り方＝外交力もまた重要な役割を担っています。

最良の戦略

「戦わずして人の兵を屈するは、善の善なる者なり」

これは最良の兵法書のひとつとされる『孫子』の中の一節です。この一節の前段には、百戦百勝は善の善なる者に非ざる、とあり、百戦百勝で敵に打ち勝つよりも、戦わずして勝つことが最上であると説きます。

１００％の勝率で勝ち進むよりことよりも上位となる戦略が存在するのは何故か。それは、戦争をする以上、必ず自軍の兵を損することになりますし、戦争にかけた戦費は国の経済を少なからず疲弊させますし、万が一敗れることとなれば、国の一大事となってしまうからです。それよりも、攻勢をかける戦争であれ、防衛戦争であれ、戦いが発生するより前に相手の意思を挫くことができれば、兵を損することなく目的を達成できますので、戦争よりも謀略や外交こそ重要であると説いているのです。

これを冷戦末期の米ソ関係に当てはめてみれば、ソ連はアフガニスタン侵攻を行い、軍事的には成功を収め親ソ傀儡《かいらい》政権の樹立には成功します。しかし、反乱軍との戦闘により11年間で１万５千人近い兵士をアフガニスタンで失います。その過程において多くの兵器も失われ、ソ連の経済的損失、負担は莫大なものとなります。

一方、アメリカは正規軍を正式に派遣することはなく、反乱軍への資金、武器の援助に止《とど》めます。しかし、最新鋭の兵器で武装された反乱軍は、ソ連軍の数倍という損失は出しながらもソ連軍を悩ませ続け、ついには撤退にまで至らせます。アメリカは兵を損することなく、アフガニスタンからソ連軍を追い出すことに成功、さらにサウジアラビアとの外交を通じて原油価格の急落を誘導し、原油輸出に頼るソ連経済にさらなる打撃を与えます。70年代、80年代のアメリカの繁栄を傷付けることなく、謀略と外交を以て、ソ連を崩壊に導きました。

『孫子』の有名な一節を「風林火山」の軍旗とした武田信玄を例に同盟の有効性について考えてみましょう。

１５４１年、父を追放し家督を継いだ信玄ですが、北条家と合戦を繰り返しつつも、北の信濃侵攻を対外政策の主軸に据えていきます。そこで、１５５４年、甲斐（山梨県）の武田信玄、相模（神奈川県）の北条氏康、駿河（静岡県）の今川義元の三者が「甲相駿三国同盟」を締結します。これは、三者三様の思惑が一致したもので、信濃侵攻を目標にしていた武田信玄にとって、軍を信濃に進めているうちに、背後から今川や北条に甲斐に攻め込まれることが最も大きな懸念材料でした。

しかし、本拠地である甲斐に隣接する両者と同盟を結ぶことで、残る一方、信濃での戦いに集中できるようになりました。北条家にとっても、関東に覇を唱えることを目標にしている中、本拠地小田原城を武田や今川に脅かされることなく、関東での戦いに注力できることは大きなメリットでした。

この同盟の提案者は太原雪斎《たいげんせっさい》とされていますが、彼が仕えた今川家にとっては、本拠地駿河を脅かされることなく、上洛に向けて尾張の織田家にのみ集中すればよくなりました。その上で、北条家の上洛ルート、武田家の太平洋へのアクセスを同盟によって消すことができ、戦国屈指の名軍師太原雪斎らしい三者それぞれにメリットはありながら、一番の旨味は今川家が取る同盟でした。

これが三国それぞれ甲斐・相模・駿河の国境線で合戦を繰り返していたとすれば、北条家が関東の大半を領有することもなく、武田家が北信濃まで勢力を伸ばし、上杉謙信と川中島で戦うこともなく、今川家が上洛に向けて織田家と戦い桶狭間《おけはざま》に陣を構えることもなく日本史は大きく変わっていたかもしれません。戦国期に地方で勢力を誇った一地方大名で終わったかもしれませんが、彼らは互いに自国防衛戦で消耗するリスク、敗戦により国を失うリスクを外交によって低減させ、負けないという勝利へと転換することに成功し、戦国大名として大いに名を上げていくことになりました。

その後は、１５６０年の桶狭間の戦いで今川義元が討ち死にすると、武田信玄は今川家から独立した徳川家康と共同で今川家を攻めることで、三国同盟は解消されていきます。そこで北条と上杉が同盟を結び、武田に対抗する形を見せると、信玄はそれまでの天敵上杉謙信と和睦し、北条家に対抗する関東の諸大名にも接触し、全方位から北条家を囲む状況を生み出し、実際に小田原城にまで攻め入っています。その上で、北条家と再び同盟を結び、信玄は北、東の脅威なく上洛へと向かうこととなり、北条家は再度関東掌握へ向けた戦いへと向かうことになります。

外交によって目の前の戦いを短期的に有利な局面に持ち込み、長期的に使えるコマとの同盟関係を構築し、防衛戦争を「戦わなくてよい」という勝利の状況を生み、目標に向けた戦略に集中することに成功した武田信玄や北条家は、外交を安全保障の一手段として巧みに使いこなしていました。

「国家」が「隣国との軍事衝突の危険性」から「国民の生命・財産」を「外交によって」

戦闘が起きない状況を作ることで「守る」

外交とは、戦わずして勝つ、そのような安全保障戦略なのです。

安全保障のジレンマ

「安全保障のジレンマ」という言葉があります。これは、ある国Aが「自国防衛のため」に武器を調達したとします。これは、仮に侵略を受けた場合、十分量の武器がなければ防衛もできませんのでA国としては「危険を減らす」行動であると考えます。

一方、隣国Bの視点から見れば、A国が武器を揃えていますので、B国への「侵略の為」の武器調達ではないか、との疑念を抱きます。そうなれば、当然B国の方でも侵略に備えて武器調達を行うことになりますので、「危険を減らす」はずだった行動が、むしろ「危機を高める」結果となってしまうというジレンマが生じます。

これは外交、同盟に関しても同様のことがいえます。

仮に国力レベル2のA国があるとします。国力とは経済力、軍事力など国家としての総合力だと仮定します。その隣国に国力3のB国があるとして、この二国間関係で考えれば、A国の軍備増強はB国にとっての不安要因にもなり緊張が高まりますので、外交ルートを通じて信頼醸成を行い、同盟関係にまで発展させることができれば、軍事的緊張はなくなります。軍事的緊張が緩和されることにより、国家予算を経済分野、社会保障分野に回すこともでき、まさにウィン・ウィンの同盟関係となります。外交が危機を低下させ、安全保障上の負けない勝利を摑むことができるのです。

次に、この仮想現実の参加国を5カ国に増やしてみます。A国＝国力2、B国＝国力3、C国＝国力3、D国＝国力1、E国＝国力2という5カ国がある仮想世界、ここではホッブズ的自然状態にある世界であり、各国はそれぞれの独立存続を志向するとします。

事のきっかけはA国が「自国防衛のため」に武器を調達したとし、それに対してB国も同様の措置を取ったと仮定します。国力に勝るB国の武器調達の動きは、A国に対してより大きな危機感を抱かせます。

この時、A国には自国の国力を上げるという選択肢と、他国との同盟によって国力の総数を上げる選択肢が生まれます。そこでA国はD国と同盟関係を結ぶことで、国力2＋国力1＝総合国力3となり、B国と同等の国力を生み出すことになります。この勢力を均衡させるシステムを「バランス・オブ・パワー（Balance of Power）」と安全保障の分野では呼びます。厳密には色々な解釈や条件、議論などもありますが、複数の勢力がある中で、突出した勢力を作らないための同盟によるパワーバランスの均衡化という解釈で間違いはありません。

戦争における上策は戦わずして勝つことであるのは兵法の常識であり、勢力が均衡する相手との全面戦争は下策であり、国家の合理的判断によってそれが選択されることはほぼない、ということから勢力の均衡化が平和を維持する有効な戦略であると考えられてきました。そして実際、第一次世界大戦までのヨーロッパにおいては、バランス・オブ・パワーによって平和が成り立つ時期も多く見られました。ここでも外交によって危機を低下させることができました。

しかし、D国の伝統的同盟国にE国があった場合、状況は変化してきます。国力の総数はA国2＋D国1＋E国2の国力5となります。こうなると国力3のB国が逆に危機感を募らせることになりますので、国力を上げる同盟相手を模索することになり、C国との同盟へと向かっていきます。これにより、

A国＋D国＋E国　国力２＋１＋２＝５
B国＋C国　　　国力３＋３＝６

というふたつの同盟陣営が完成することになります。ここで、この仮想世界における外交的柔軟性や自由度は失われ、同盟関係が硬直化してしまいます。

A国とB国との関係性の中で始まった同盟関係であり、両国は戦争を避け、自国防衛にとって有利となる状況を産むために選択した周辺国との同盟ですが、C国とE国が戦争状態に陥ってしまったとここで仮定します。

E国の伝統的同盟国であるD国は、当然ながらE国への支援に動き、それに引きづられる形でA国もC国との戦争に突入してしまいます。

一方、B国も同盟国C国の危機に対して戦端を開くこととなり、戦争を避けるために始まったA国とB国の外交努力は、A国とB国の戦争状態を呼び込む結果となってしまいました。

この過程を経たのが第一次世界大戦です。１９１４年6月28日、セルビア王国を訪問していたオーストリア＝ハンガリー王国の皇太子がセルビア人青年によって暗殺され、7月28日にオーストリア＝ハンガリーがセルビアに対して宣戦を布告、「大戦」

ではなく「戦争」が勃発します。

しかし、ここから一気に同盟の弊害が噴出し、７月30日、ロシアが対オーストリア＝ハンガリー戦の総動員を行い、８月１日オーストリア＝ハンガリーの同盟国ドイツがロシアに宣戦布告、３日にはフランスがドイツに宣戦を布告、４日イギリスがドイツに宣戦布告、８月23日には日英同盟に基づき日本がドイツに宣戦布告と、瞬く間に同盟関係から世界中を巻き込んだ「世界大戦」へと発展してしまいました。

覇権モデルと集団安全保障

先のＡからＥの５カ国の仮想世界における大戦は、国力が５対６という関係の中で始まりました。バランス・オブ・パワーの原理からいえば、勢力が均衡すれば衝突が回避される可能性が高まるはずでしたが、実際はそうなりませんでした。ある研究によると、力の格差が20％以上開いていると戦争は起きないが、20％以下まで格差が縮まった場合、戦争勃発の確率が50％以上となる、といわれています。（A.F.K. Organski and J. Kugler, The War Ledger,1980）つまり、たとえばイタリアとイタリア国内にあるサンマリノ、アメリカとアメリカの庭といえるカリブ海諸国の小国のような圧倒的な戦力差、国力の差がある場合、生殺与奪は大国が一方的に握っている以上、むしろ争いは起きず、戦力差が小さいからこそ勝利に向けてリスクを取る、ということになります。そして仮想世界での戦力差がまさに20%であり、戦争が起こる危険水域にあったといえます。

では、何故バランス・オブ・パワーによって平和な時代が築けたのか。国際政治学者ジョセフ・S・ナイ・ジュニア氏によると外交関係の柔軟性ということになります。

第二次世界大戦期のイギリスの首相チャーチルは、「もしヒトラーが地獄に侵攻したら、私は悪魔についてすら、少なくとも誉め言葉くらいは下院で語ってもよい」と秘書に語っています。これこそまさにバランス・オブ・パワーであり、そしてそのバランス・オブ・パワーの柔軟性ともいえます。

仮想世界の例ではC国とE国が戦争状態となり、大戦へと発展しましたが、E国の伝統的同盟国であるB国とD国も同盟関係であった場合、B国はD国を通じて仲介者の役割を果たし、C国とE国との戦争状態は局地戦で終わったり、停戦協定への道筋をつけることもできたりしたかもしれません。このように**陣営が強固なブロック化し、**

その戦力差が小さくなることで、戦争の危険性が増す可能性があります。

信長包囲網とバランス・オブ・パワー

戦力差が大きければ戦争の危険性が低減する——その理論を象徴するのが歴史上いくつも存在してきた巨大帝国です。ローマ帝国や蒙古帝国の時代、その帝国域内においては平和が続き、「パクス・ロマーナ（ローマによる平和）」や「パクス・モンゴリカ」と呼ばれたりします。

これらの帝国が周辺国を属国として平和を築いたことから「専制帝国」と呼ばれるのに対し、大英帝国や20世紀アメリカの繁栄は域内諸国の協力を得て安全保障体制を構築することから「民主帝国」と呼ばれたりします。そしてやはり、「パクス・ブリタニカ」「パクス・アメリカーナ」の時代は、小さな紛争はあっても、概《おおむ》ね繁栄の時代といえます。

このような強大な一国の軍事力や経済力が地域や世界の安定をもたらすモデルを「覇権モデル」と呼びます。

しかし、日本の戦国時代に目を移してみると、**覇権を目指した織田信長の前に立ちはだかった「信長包囲網」と呼ばれる打倒織田信長を目指す周辺諸国の連合がありました。これはまさにバランス・オブ・パワーの機能が働いた結果ともいえます。**

信長包囲網は一例に過ぎず、一国の勢力が他の全ての勢力を集めたよりも大きくなり、「パクス〇〇」の覇権モデルが完成するまでは常に挑戦されることとなります。

また、一度覇権モデルを確立したとしても、ローマ帝国や蒙古帝国が滅亡したように、その存在は永遠ではなく、周辺国との勢力差が小さくなれば、再び挑戦を受けることになり、凋落し、再度世界が混沌状態になる可能性もあります。

このことは、ゲーム理論を用いた仮想世界でのシミュレーションにおいても、最強国が従属国の戦闘に引きずり込まれる形で劇的に凋落していく過程が示されており、人が関与する要因を排除したコンピューター上のシミュレーションでも覇権モデルの非永続性が明らかとなっています。（R. Axelrod, The Complexity of Cooperation,1997）

そこで人類が構築した新たなモデルが、「集団安全保障モデル」です。これは国連をイメージしてもらえればいいと思います。

先の例のAからEまでの5カ国すべての国力を足すと11（A国2＋B国3＋C国3

＋D国1＋E国2）となります。特定の国同士の同盟関係の中では、突出した勢力は作られ難く、常に緊張状態と同盟の硬直化という危険をはらんでしまいます。そこで、覇権モデルと柔軟性を兼ね備えた存在として集団安全保障という概念が生まれます。

たとえばC国が隣国に対して侵略行動を起こしたとして、それと同時にC国を除くすべての国が団結してC国に相対する。これが集団安全保障モデルの基本となります。そうなると、どこの国が侵略行動を起こしたとしても、国の組み合わせに関係なく団結することになり、柔軟性の高い協力関係となります。

また、C国対D国では国力は3対1ですが、集団安全保障が発動されれば、国力は3対8となり、逆にC国が劣勢となります。この時点で覇権モデルと同様となり、C国は矛を収める可能性が高まりますので、そもそも集団安全保障モデルが構築された時点で、一国による侵略戦争の企図自体が不毛なものとなります。

もちろん、国連成立後も冷戦が起こり、また数多くの地域紛争などがあったので、このモデルですべての戦争や対立を防ぐことはできませんが、1991年の湾岸戦争時のイラクのように、侵略の代償が高くつくことになるケースもあり、世界の安定に

バランス オブ パワー

バランス・オブ・パワー

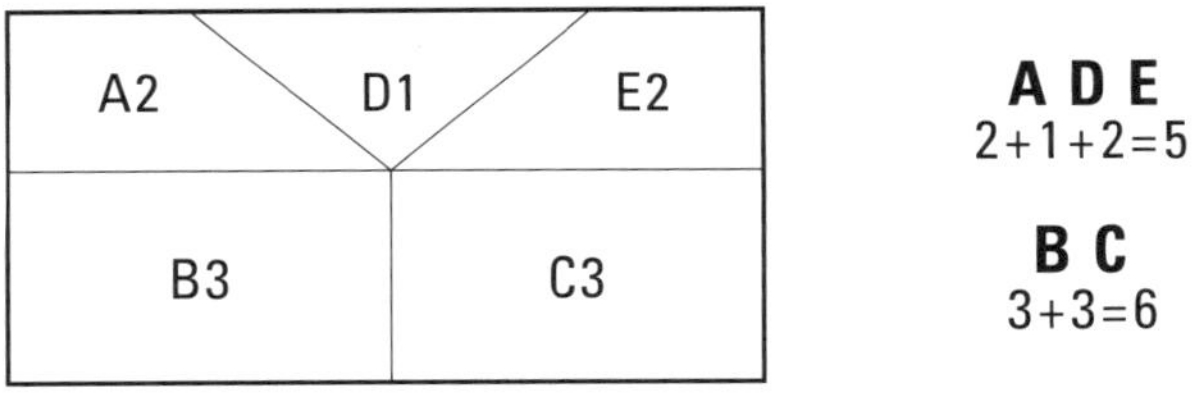

覇権モデル

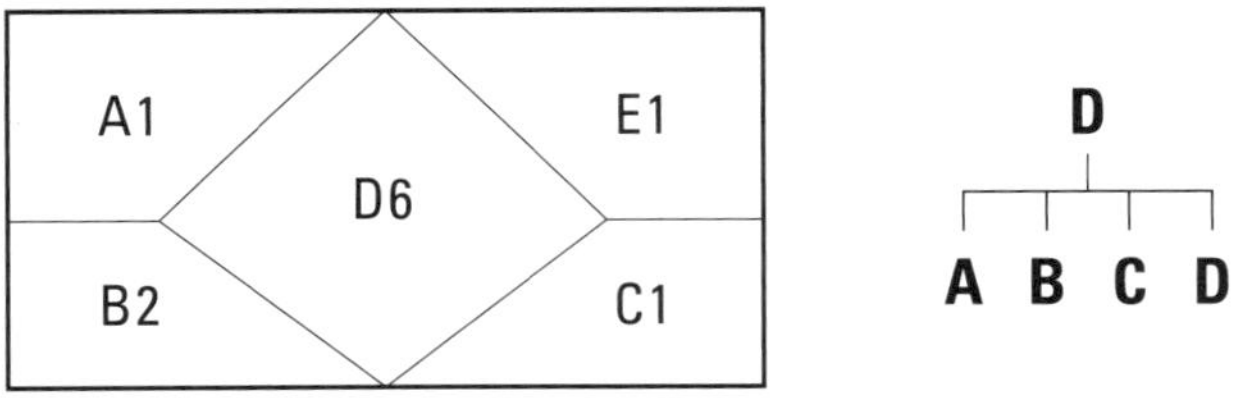

集団安全保障

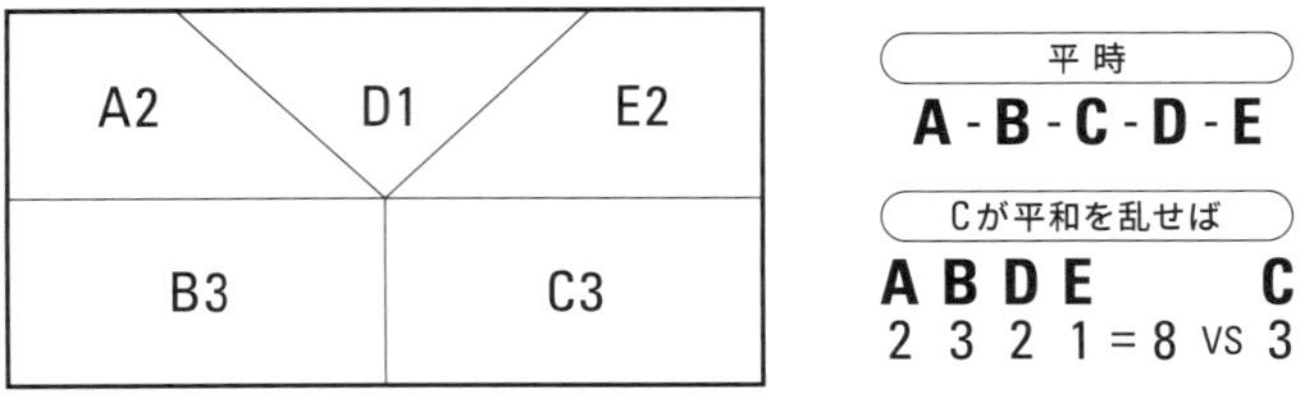

対して一定の抑止力があることもまた事実といえます。

外交もまた戦争

戦争は外交の一形態、といわれます。しかし、逆もまた真なりであり、外交もまた戦争です。外交というと、外国と仲良くすること、と思うのが一般的だと思います。もちろんそれも外交のひとつの役割です。

しかし、仲良くすることも含めて、**外交の役割は「国益の最大化」を軍事力に拠らない手法で実現させることにあります。**国益の最大化のために、仲良くすることが重要な局面では、積極的に協力関係を築きますが、厳しい交渉が必要な局面であれば、相手の主張を退け、相手国の国民感情が反発してでも、通すべき主張があります。そして、その国益最大化を巡る対立の究極の形が戦争なのであり、戦争が外交の一形態といわれる所以《ゆえん》でもあります。**外交とは、友情のためにあるのではなく、国益のためにこそ存在します。**

外交官の役割のひとつに情報収集があります。情報収集というとスパイを連想することもあると思いますが、外交官にはその役割と要素もまた含まれています。相手国の政治・経済・安全保障環境はどうなっているのか、諸外国との関係はどうか、国民は何を好むのか、すべての外国に関する情報は、自国にとって大きな手札となります。

それらを用いて、二国間関係の中では、文化交流ならば友好的に、政治問題や貿易など経済問題に関する折衝ならば、事前情報で得ていた相手国の弱みを突いて高いレベルの要求を出したり、相手国の国民世論を味方に付ける「世論戦」を展開して交渉を有利に運んだりしながら、自国有利の合意を取り付けます。

また、多国間関係の中ならば、如何に多くの国を自国の味方に付けるのかが重要となります。国際的な発言力の強化、特定の国との対立が起こった際の相手国に対する優位性の確保のためにも多くの国との友好関係を深める必要があります。

つまり、実際の戦闘が起こるか起こらないかは別として、**国際社会の中で軍事的緊張が高まった際、貿易戦争、経済戦争、価値観の相違による対立などが起こった折に、「使える武器」としての味方となってくれる国、有利に交渉を運ぶための情報、自国に味方する世論などを形成することが外交の大きな役割となります。**

そしてその自国に好意的な感情、世論を形成させる上で、重要となるのが情報です。

文化的に用いればソフト・パワーとなり、安全保障的に用いればプロパガンダとなり、自国他国問わず人々の好意の行方を左右することができます。

SEVEN 7 WAYS

―― 第7の道 ――

文化・プロパガンダ論

エンターテインメントに潜む印象操作

THE SEVEN WAYS
OF DEFENDING NATIONAL SECURITY AND FRONTIER

Tシャツとブルージーンズ

1960年代から70年代にかけて、日本では安保闘争など社会運動、学生運動が活発化し、日米安保反対、アメリカ反対などが声高に叫ばれました。しかし、彼らの声が日本の大勢になることはありませんでした。また、現在でも在日米軍反対、反米を唱える声はありますが、同様に彼らの主張が国の行方を変えるようになることはないでしょう。その理由の主たる部分に「ソフト・パワー」の存在があります。

「ソフト・パワー」とは、前章で登場した国際政治学者ジョセフ・S・ナイ・ジュニア氏によって提唱された概念で、軍事力や経済力といった直接的な力を「ハード・パワー」とし、一方の文化や芸術、教育、さらに政策的魅力など直接的に国力に直結しないものを「ソフト・パワー」と定義しました。

このソフト・パワーを念頭に日本の学生運動を見直してみると、面白い現象に気が付きます。彼らはマルクスやレーニンを語り、共産主義への共感を見せ、一部はソ連型の暴力革命を目指しますが、Tシャツにジーンズ姿だったり、シャツとカーディガン姿で喫茶店で珈琲を飲み、ジャズやロックを聴き、フォークソングを歌い、アメリカ映画に興じたりするプライベートを過ごしていたりもします。

つまり、**反米を唱えながらも、アメリカ文化やイギリス文化に馴染んでもいました。ボルシチとロシアンティー、ウォッカを楽しみながらロシア民謡を歌っていたような人は少数だったでしょう。これがソフト・パワーの力です。**反米でありつつもアメリカを受容する、その彼らにはアメリカを根本から拒絶するだけの力を生むことはできなくなります。

ナイ氏がソフト・パワーを最初に提示したのは1990年のことですが、このソフト・パワーの力を本能的に知っていたのはソ連でした。ソ連はビートルズが全盛の1960年代もそれ以降も、国民が欧米の音楽や映画に接することを禁じました。北朝鮮は現在でも欧米や韓国などの文化の流入を恐れ、禁じていますので、抑圧的な統治を行う国家にとって、それ以外の価値観に国民が触れることは恐怖ですらあるのだと思われます。

ソ連は徹底して欧米のソフト・パワーを拒絶しますが、それでも全世界的知名度のあったビートルズの音楽が、ソ連に流入するのを完全には遮断できませんでした。「鉄のカーテン」と呼ばれた東西世界の緊張も、音楽がカーテンの布をすり抜けるように、ビートルズのパワーは鉄のカーテンをもすり抜けました。

当局の厳しい監視にもかかわらず、人々は隠れてビートルズのアルバムに手を出します。**そして1988年、元ビートルズのポール・マッカートニーはソ連限定版のアルバムを発表し、そこにはビートルズの曲が並びました。**ソ連の人々の熱狂をもって迎え入れられたアルバム『バック・イン・ザ・USSR』（USSRはソ連の意味）ですが、それでもソ連当局が公式にビートルズや西側音楽を解禁はせず、ポール・マッカートニーがモスクワの有名な赤の広場で外国人初の大規模コンサートを開いたのはソ連が崩壊しロシアとなり、20世紀も終わり21世紀となった2003年のことでした。

ソフト・パワーはこれほどまでに体制側によって警戒される程、大きな影響力を持っています。近年では、韓流ブームや日本のアニメや漫画の存在がソフト・パワーの好例となるでしょう。

日本での韓流ブームは、韓国語を学習する人を激増させ、韓国語教室、韓国料理店、韓流スターやアイドルの日本進出など、経済面でも大きな影響を与えました。そして、それは日本のアニメにおいても同様のことがいえます。

インターネットを介して違法ではあっても着実にアニメコンテンツが世界に拡散していく中で、そのアニメを通じて日本語を習得した海外の若者も多く存在します。彼らはアニメのキャラクターのコスプレをしたり、日本の漫画やアニメＤＶＤを購入したりと、やはり経済にも大きな影響を与えていますし、同時に日本に対する関心や好印象も世界に広めています。

「アニメ」は「アニメーション」の略ですが、現在世界のサブカルチャー分野では「ＡＮＩＭＥ」で通じます。私が住んでいたロサンゼルスでは、アメリカ系の本屋の中にも英訳された日本の漫画のコーナーがあり、「ＭＡＮＧＡ」と表記されています。

また、漫画やアニメを専門的に扱うショップが巨大商業施設に入り、店頭には「ＡＮＩＭＥ」と書かれていたりするなど、市民生活の中に溶け込んでいます。日系の商業施設の中にはコスプレ衣装やフィギュアを扱う店舗もありますし、漫画を多数扱う日系の古本屋にもアメリカ人が多く来店するなど**ＡＮＩＭＥ、ＭＡＮＧＡがソフト・パワーとして日本文化を広めていることが分かります。**

「狼なんて怖くない」はプロパガンダ

アニメや漫画がソフト・パワーとしての力を発揮することは、実は最近の現象ではありません。それ以前から権力者やメディア関係者はそのことを学術的では無いにせよ感覚的に把握しており、巧みにこれをプロパガンダとして用いて世論を誘導してきました。

『三匹の子豚』の物語の中で、子豚たちは「狼なんて怖くない」と歌を歌っています。創作された作品としては、狼を退治した後に歌ったテーマということになりますが、この物語をより現実的に見ていけば、当然ながらこの曲を知り楽器を練習していなければ歌えません。仮に子豚たちの母親がこの曲を事前に教えていたのだとすれば、狼なんて怖くないのだ、自分たちでも対処できる、と自信を付けるための暗示的な歌となり、これもまた一種のソフト・パワー、プロパガンダと捉えることができます。

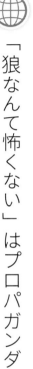

この三匹の子豚及び「狼なんて怖くない」ですが、実際に戦意高揚のプロパガンダとして使われたことがあります。

1933年に公開されたディズニー版の『三匹の子豚』ですが、当時は狼を世界恐慌の不況になぞらえて歌われていましたが、第二次世界大戦勃発後の1941年にディズニーとカナダ国立映画製作庁によって製作された『The Thrifty Pig』はプロパガンダ版の『三匹の子豚』であり、狼はナチスの鍵十字の腕章とドイツ兵の帽子を被りやってきます。

物語の展開は同じなのですが、末弟が家を造る際に積み重ねているのは単なるレンガではなく、「戦時国債」と書かれた特殊なレンガです。兄たちが英国旗ユニオンジャックはためく末弟の家に逃げてきた後、狼がレンガの家を吹き飛ばそうとしますが、表面は剝がれるものの、中から「戦時国債」のレンガが現れるだけでビクともしません。末弟は得意気に「戦時国債」のレンガを玄関からナチスの腕章をしている狼に投げつけることで撃退、煙突に狼が上ることもなく撃退します。

そこからは画面が変わり、イギリス防空戦、バトル・オブ・ブリテンで活躍した英国を代表する戦闘機スピットファイアを思わせる戦闘機が登場し、ナチスの爆撃機を撃墜するシーンとなり、「戦争に勝つには、節約をして戦時国債をもっともっと買おう」とアニメーションで呼びかけます。劇中の「狼なんて怖くない」の歌も替え歌となり、戦時国債の購入を呼びかけています。そして戦時国債の束が軍艦、爆撃機、戦車へと変わっていき、「勝利へ投資しよう」とテロップが出て終わります。

隠喩も暗喩もなく、**直接的なプロパガンダで、当時萌芽期の最先端の娯楽であったアニメーションを使い、人気作品から悪の象徴となった狼をそのままナチスに置き換えるイメージ戦略を用いています。**そして、この本を通じて論じている安全保障における経済力の重要性がそこで示されています。

三匹の子豚たちを守る「国境」といえる家の壁は、戦時国債と書かれた「経済力」によって築かれており、その頑丈な壁となる戦時国債は、最新の「科学技術」が詰まった新鋭兵器となり、国家を守り、勝利へ導くと表現されています。もちろん、その新鋭兵器を製造、運用するための資源である鉄やアルミ、重油などは「貿易」により獲得することもあるでしょうし、プロパガンダ版『三匹の子豚』には本書の主旨の多くの要素が詰まっています。

ソフト・パワーと安全保障

普段家や街中で映画を観たり、音楽を聴いたりする中で、そこに安全保障を感じることはないと思います。

しかし、ニュースや新聞だけでなく、映画、音楽、舞台などのエンターテインメントも、すべては情報です。本章の最初に記したように、映画や音楽などの文化を通じたソフト・パワーは、好印象を相手に抱かせる効果のある情報を発信しています。**情報を通じて憧れ、興味などを抱き、それが対象国への好印象に繋がり、その感情を多数が抱くようになれば、その国の国民を容易にコントロールすることもできるようになります。**

他方、新聞やテレビなどメディアを通じた情報の場合、特定の対象に対するマイナスイメージを拡散させる道具として用いられるケースがあります。これがプロパガンダです。

たとえば、１８９８年に勃発した米西戦争では、後に「イエロー・ジャーナリズム」と呼ばれるようになる事実よりも扇動的な文句を並べる報道が相次ぎました。そのような中で、１８９８年２月15日のハバナ湾に停泊していたアメリカ海軍の戦艦メインが突如爆発し沈没する事案が発生します。

現在では、アメリカ海軍もボイラーの欠陥による事故と結論付けていますが、この

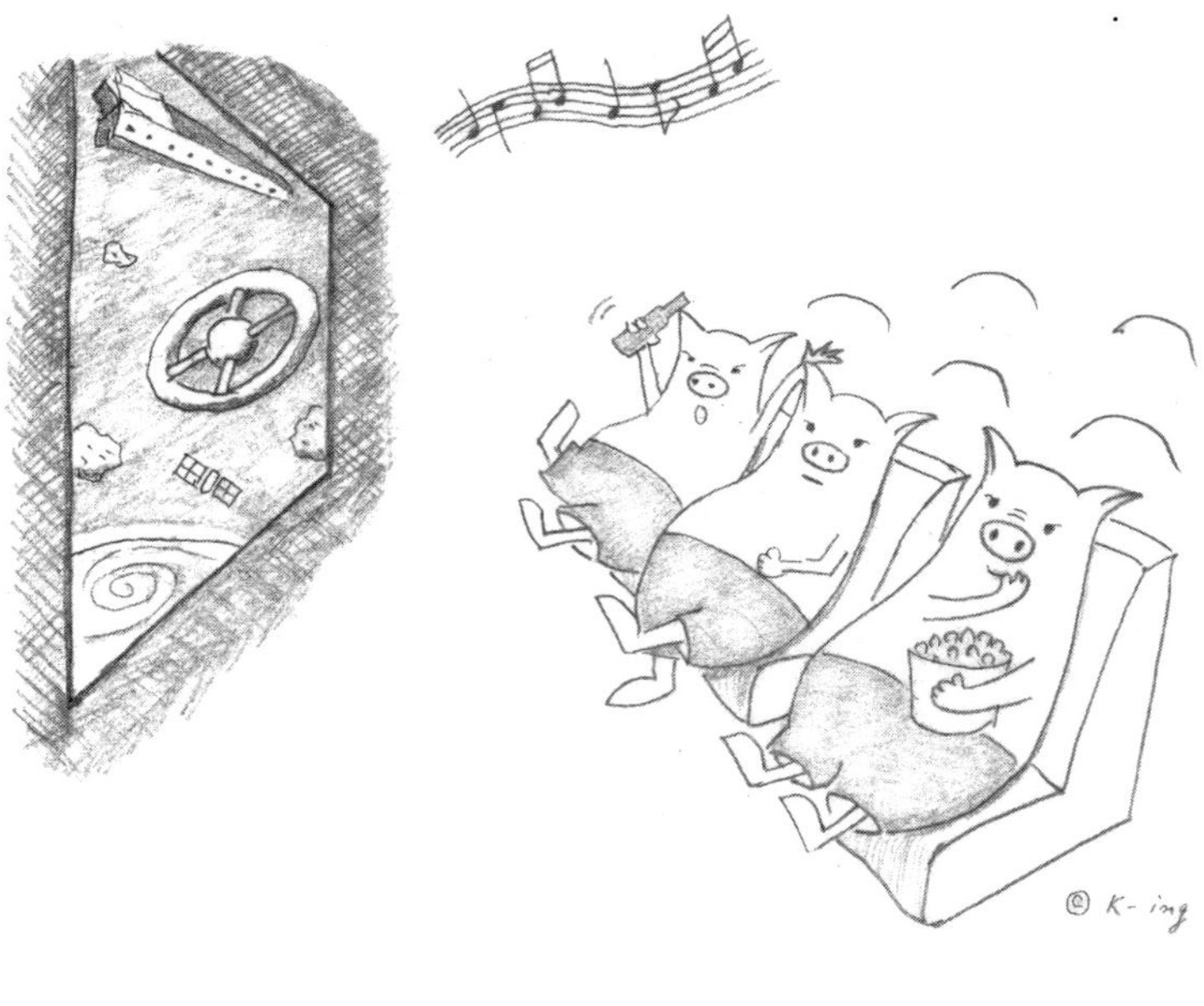
© K-ing

事故に飛び付いたのがイエロー・ジャーナリズムのW・R・ハーストのニューヨーク・ジャーナル紙とJ・ピューリツァーのニューヨーク・ワールド紙でした。両紙は発行部数競争の中で、より過激に、よりセンセーショナルに記事を仕立てていくために、捏造《ねつぞう》やでっち上げも厭《いと》いませんでした。そしてこの事故をスペイン人のサボタージュや爆破装置に原因があるとして、「リメンバー・メイン（メインを忘れるな）、くたばれスペイン」を合言葉に、反スペイン感情を掻き立てました。

この米西戦争は、この両紙のイエロー・ジャーナリズムがなければ発生しなかったといわれるほどに、開戦に向けて大きな影響を与えました。さらにアメリカ管理下におけるキューバ独立、プエルトリコ、フィリピン及びグアムのアメリカへの割譲など、特にこの50年近く後にフィリピンやグアムを巡ってアメリカと戦うことになる日本にとっては、その後の世界史の流れをも変える戦争となりました。

また、1991年の湾岸戦争時には、クウェートから逃れたナイラという少女が注目を集めます。彼女はクウェートの病院でボランティアをしていた時に、イラク軍がクウェートに侵攻、病院に乱入したイラク兵たちが保育器から赤ん坊たちを取り出して床に放り投げ殺していく様子を涙ながらにアメリカ下院の公聴会で語ります。しかし、実は彼女は駐米クウェート大使の娘であり、クウェートがアメリカの大手PR会社を通じて反イラク感情を醸成させる広報キャンペーンの一翼を担っただけであり、先の証言も実体験ではなく、真偽の分からない情報をPR会社の指導の下で実体験のように語っただけでした。

さらに、世界中に拡散したペルシャ湾で原油にまみれた海鳥の写真があります。原油で真っ黒になり、飛べなくなり死んでいく海鳥たち。この写真は世界を駆け巡り、アメリカはイラクがクウェートから大量の原油を放出した、と発表し、環境破壊を厭わないサダム・フセインというイメージを確立させます。しかし、事実は異なりました。ペルシャ湾を航行していたイラクのタンカーに対してアメリカ軍が行った攻撃により流出した原油が海鳥を死に追いやっていました。

クウェートに雇われ、反イラクのキャンペーンを手がけた**アメリカのPR会社の巧みな証言により、アメリカ議会は湾岸戦争への舵取りを決めます。**そして、アメリカ軍が流出させた原油をフセインの仕業と報じ、そこに可哀そうな水鳥というイメージを固着させる象徴を大きく見せることで、国民世論を反フセインへと誘導することに成功させました。

第7の道

文化・プロパガンダ論

エンターテインメントに潜む印象操作

こうなると、私たちが安全保障とは無縁と考え、日常の中で何気なく接しているテレビや新聞などのメディアの存在が、途端に安全保障に直結してきました。

プロパガンダの基本として、**ターゲットとなる対象を絞り、徹底的に負のイメージを付与することがあります。その時に、既存の「悪」と重ねることで、分かりやすく民衆に訴えることができます。**

第二次世界大戦期、米英のメディアはヒトラーに「悪魔」「死神」「狼」のイメージを付与しました。プロパガンダ版「三匹の子豚」において、ナチスが狼であったことも、この分かりやすいイメージ戦略の一環だと思われます。

日本海軍の真珠湾攻撃に際し、ルーズベルト大統領は「リメンバー・パールハーバー」のフレーズを用いますが、当然ながらこのフレーズの系譜の上流には米西戦争時の「リメンバー・メイン」がありますし、第一次世界大戦へのアメリカ参戦のきっかけになったといわれるドイツ軍潜水艦によるルシタニア号の撃沈に関しても、「リメンバー・ルシタニア」のフレーズは用いられました。同様のフレーズを用いる事で、対日参戦への正当性と支持を高めることに成功しています。

そして、湾岸戦争時、サダム・フセインは徹底してヒトラーに擬せられました。悪の象徴、アイコンとしてヒトラーの存在が確立していますので、悪魔や死神を使うよりもヒトラーに擬せることが、現在では最も効果的なネガティブイメージ確立の手法となっています。

ピューリッツァー賞を2度受賞する20世紀を代表するアメリカのジャーナリストであるウォルター・リップマンは「我々は大抵の場合、見てから定義するのではなく、定義してから見る」（Walter Lippmann, Public Opinion, 1922）とステレオタイプについて述べていますが、これこそがプロパガンダが目的にしているものといえます。

太平洋戦争前にニューヨーク・タイムズ紙の日本特派員であったヒュー・バイアス氏は日本人に関して、アジア系とポリネシア系があり、アジア系の方がハンサムで貴族的、一方の南方系は「がさつで大きくふっくらとした顔、鼻ぺちゃであり、マンガが誇張するように口が大きく出っ歯であり、顴骨《かんこつ》が出て骨太である」と記しています。（Hugh Byas, Government by assassination, 1942）散々な書かれようではありますが、このハンサム日本人とは正反対の「ゲゲゲの鬼太郎」における名キャラクターねずみ男のような人物は、アメリカの風刺漫画の中では「日本人」を示す時に度々登場します。日本に対してネガティブなイメージを固着させたい場合、2種ある日本人の系譜のうち、アメリカ人が捉えたハンサムではない方を用いるのはプロパガンダにおける正攻法といえます。

そして、この風刺漫画を通して確立した日本人のキャラクターは、暫く定着してしまいます。名作映画『ティファニーで朝食を』に登場する日本人らしきキャラクターが、このイメージのままの人物となっています。まさに、「日本人」という定義が先にあり、そこにキャラクターを当てはめています。

映画に潜むプロパガンダ

新聞やニュースなど、世界情勢や戦争についても報じるメディアであれば、安全保障とは無関係ではない、と言うこともできますが、娯楽作品としての映画の中でも、やはりプロパガンダや、それに繋がるステレオタイプは存在します。

たとえば「テロリスト」が映画の中に登場する場合、中東系、アフリカ系のイスラム教徒が登場するケースが多くあります。しかも、多くの場合そこにキャラクターとしての個性はなく、主人公の引き立て役となる無条件のテロリストとして登場します。

コメディ映画『バック・トゥ・ザ・フューチャー』では、主人公がタイムスリップをするきっかけとしてリビアのテロリストが登場します。街中で機関銃を発砲し、ロケットランチャーを取り出すなど、とんでもテロリストですが、彼らをテロリストとした行動目的も理由もそこでは重要ではなく、主人公を危機に陥らせるちょっとしたきっかけだけの存在です。

そこにテロリストが選ばれ、それがイスラム教徒であっても、この大ヒットコメディ映画がその意味で問題になったことはなく、多くの人は無意識にその設定を受け入れたのではないでしょうか。その他、多くのアクション映画においても、イスラム系テロリストたちは顔も個性もなくただ倒すべき前提として登場しますが、やはり多くの場合、観客にはスムーズにその前提は受け入れられます。

一方、これが白人テロリストとなると、多くの場合その行動原則には理由が付されることが多くなります。国家に裏切られた、社会変革を求める、など理由があってテロリズムに走ります。それは、**観客が前提を受け入れるには、白人のキリスト教徒とテロが単純には一致せず、理由の説明が必要だからといえます。**

これは映画製作者の差別的思想がそうさせているのではなく、すでに存在するステレオタイプに映画が合わせて作られ、その映画がさらなるステレオタイプの上書きとなるというサイクルになります。

前提の説明も不要なままイスラム教徒がテロリストとして描かれることは、リップマンの指摘するところにおける「定義をしてから見る」となり、白人がテロリストとして描かれることは、その人物がテロリストであることを説明することで物語が成立する「見てから定義する」となります。

このふたつのアプローチの差は、安全保障上の決定的な差となります。人は「悪を懲らしめる」ことへのハードルは低くなります。

たとえば、日本では「忠臣蔵」において、吉良上野介を徹底的に悪者に仕立て上げますが、映画であれ芝居であれ、悪者にするための前提条件の説明に物語の大部分を割いています。つまり、説明がなければ吉良上野介を懲らしめるべき悪者にはできないのです。

一方、「桃太郎」ではどうでしょう。倒す対象が「鬼」であるため、物語によっては大して前提条件の説明はなく、いきなり鬼ヶ島に押しかけ、倒した上で金銀財宝を山積みにして戻っています。多くの作家が、この物語の説明不足を題材に桃太郎への疑問を呈したりしていますが、それでもなお桃太郎の物語が成立した理由は、倒すべき対象が「鬼」であったため、説明が不要だった点でしょう。

この吉良上野介と鬼の説明量の差こそ、ステレオタイプの差の好例であり、万人が共通して持っている「悪」のイメージを持っていたり、対象に付与することで、懲罰することへの人々の欲求を掻き立てるプロパガンダの実例となります。

すでにステレオタイプが固定化し、悪のイメージが定着している場合、人々はその懲罰への支持を表明します。２００３年のイラク戦争時、アメリカは開戦の理由を「大量破壊兵器の保有、テロ組織との繋がり」としていました。そして、このどちらも破壊された後のイラクで発見することができませんでした。壊れた国家が戻ることはなく、未だにイラクは混迷の中、中東全体がテロリズムの恐怖の中にあり、アメリカが正当とした「テロ」は、イラクを壊すことでむしろ生み出す格好となりました。

しかし、そんな存在しなかった理由も、アメリカやイギリスの開戦への流れを止めることはありませんでした。徹底的に倒すべき敵と認識されたサダム・フセインのイメージと、イスラムとテロリズムのイメージ上の距離の近さが、軍事介入へのハードルを下げた側面はあるでしょう。これが「日本がテロと繋がる証拠がある」「イギリスはアメリカを脅かすテロ組織を支援している」と宣伝して軍事攻撃を企図しても、世論の支持がイラク戦争時のように集まるとは思えません。

イメージが描き出し、作り出すステレオタイプの存在は、安全保障にも影響を与えていくのです。

プロパガンダを国家戦略に含む国

第二次世界大戦期、英米のメディアは世にあるあらゆる悪のイメージをヒトラーに重ねました。そして、作り上げられた悪の象徴であるヒトラーは、戦後次のターゲットとされたリーダーに重ねられるようになっていきました。サダム・フセイン以外にも、敵対する国のリーダーをヒトラーに重ねる報道や風刺漫画、プラカードを持ってデモをする群衆などが見られます。

こうしたプロパガンダを「輿論《よろん》戦」と位置付け、国家の戦略に組み込んでいる国があります。それは中国です。**2003年、中国共産党中央委員会によって公布された人民解放軍政治工作条例の中に、人民解放軍に与えられた3つの任務として「輿論**

戦・心理戦・法律戦」があり、これを「三戦」と呼びます。軍事的な戦闘だけでなく、法律やイメージを駆使して人の心理に訴えかける戦いを重視する、つまりプロパガンダ戦への公式な参戦表明ともいえます。

作戦として輿論戦を任務としていることは公表しているものの、対象国の世論に影響を与えようという特殊戦略であるために、具体的に輿論戦としてこんな作戦行動を取った、というものは分かっていません。しかし、そのような中国のプロパガンダの後押しをするものに、中国のハリウッド映画への進出が挙げられます。それはアメリカ映画や英米の音楽が世界に影響を与えたように、中国のソフト・パワーの力を世界に発信する役割を担います。

中国を巡る映画とイメージの関係を考察する上で、重要なキーワードとして『セブン・イヤーズ・イン・チベット』と「ハリウッドの中国忖度」の存在があります。『セブン・イヤーズ・イン・チベット』は1997年公開のハリウッド映画で、オーストリアの登山家ハインリヒ・ハラーが1939年から過ごしたチベットでの日々とダライ・ラマ14世との交流を描いた作品です。同作品において中国共産党はチベットを侵略し、人民解放軍はチベット人並びに文化を踏みにじる悪役となっています。ただ、これはフィクション作品の中で中国人が悪役であったり、軽く扱われているような類のものではなく、中国共産党がチベットへと侵攻し、その独立と自治を奪った事実が描かれているものであり、だからこそ中国にとっては余計表に出したくはないネガティブなイメージを流布する作品となります。

このため、**『セブン・イヤーズ・イン・チベット』は中国では上映が禁止され、監督並びに主役のハリウッド俳優２人は中国への無期限入国禁止とされました。**（主役の一人、ブラッド・ピットはその後２０１６年に出演作の宣伝のために中国に入国）

また、同年には『クンドゥン』というハリウッド作品も公開されています。「クンドゥン」とはチベットにおけるダライ・ラマの尊称であり、ダライ・ラマ14世の半生を描いた同作品は当然ながら中国共産党に対して批判的です。90年代までは娯楽作品としてカンフーを用いたアクション映画以外にも、こうした中国を批判する映画も製作され、公開されてきました。

しかし、21世紀となり中国共産党が輿論戦を掲げたこととの関係は不明ながら、中国は確実にハリウッドに対して影響力を高めていきました。

まず、他の産業同様に人口10億人以上という市場の大きさは映画業界にとっても魅力です。日本の10倍以上の人口を持つことは、日本以上に市場としては魅力があり、さらに映画を観る余裕のある中産階級の人口も4億人を超え、日本やアメリカの人口を超えたといわれる中、映画に関しても世界的ヒットを狙うならば中国市場で「ウケる事」は重要となってきました。

また、中国の大連万達グループが2016年に『バットマン』シリーズなどを手掛けるハリウッドの映画製作会社を買収、アリババグループ傘下の中国の映画会社が2015年からハリウッドに本格進出し、人気作『ミッション・インポッシブル』シリーズの続編の製作などを手掛け、中国のテンセント・ピクチャーズもアメコミ映画や『トランスフォーマー』シリーズの最新作を手掛けるなど、中国が製作の一部を担う「ハリウッド映画」が多数製作されるようになってきました。

ハリウッド映画における中国の重要度が変化することで、製作される映画の内容にも変化が生じるようになります。当然ながら巨大市場中国で上演禁止となり、「世界的ヒット」が狙えないような中国批判の映画は、アメリカの製作会社の作品であっても製作されなくなります。また、中国市場でウケることを目的として、キャラクターや内容の改変が行われるようにもなりました。

SEVEN 7 WAYS

第７の道

文化・プロパガンダ論

エンターテインメントに潜む印象操作

たとえば、近年ハリウッド映画のヒットコンテンツに「マーベルコミック作品」があります。マーベルコミックとはアメリカのコミック出版社で、スパイダーマン、X－メン、アイアンマンなど、映画化された数多くの作品を手掛けています。その中に「ドクターストレンジ」という作品がありますが、主人公であるドクターストレンジの師匠としてエンシェント・ワンという500歳を超える男性魔導士がいて、チベット人という触れ込みでした。

しかし、2016年に『ドクターストレンジ』が映画化されると、700歳を超す扇子を持ち中国語も話せるケルト人女性魔導士という複雑な設定に変更となりました。公式には、別の理由が述べられていますが、このキャラクターの変更には「チベット」という中国にとって触れることの許されない要素の排除が見て取れます。

また、2012年公開の『レッド・ドーン』では、製作段階においては中国軍がアメリカを占拠し、それに立ち向かう若者たち、という作品でした。これは1984年の『若き勇者たち』のリメイク作品で、こちらではソ連やキューバの連合軍によってアメリカが侵攻されています。しかし、『レッド・ドーン』の製作段階で脚本がリークされ、中国メディアがそれを批判すると、わざわざ敵国を中国から北朝鮮へと変更、修正しています。

このように、影響力を増していく中で、映画の中のネガティブに描かれる中国が消えていき、**2013年の映画『ゼロ・グラビティ』では、宇宙に投げ出された主人公は中国の宇宙ステーションで助かり、中国の宇宙船で地上に帰還し、2014年にリメイクされた『ロボコップ』では、主人公は中国の工場でロボコップへと改造されるなど、ハリウッド映画内における中国の価値は総じて高くなっています。**

これが「たかが映画の世界」ではないことは、本章冒頭で述べたような、ソフト・パワーの影響力を考慮すれば明らかだと思います。

悪のイメージを対象に付与し、それをターゲットに浸透させる。これがプロパガンダの基本となります。湾岸戦争時、サダム・フセインはヒトラーのようだとアメリカ国民に浸透させたように。これは、逆に捉えれば、ネガティブなイメージの構築を阻止することができれば、相手のプロパガンダ戦の意図を挫くことができます。中国はネガティブなイメージを与える「チベット」をハリウッドから追放しました。そしてプラスのイメージを付与する作品を広めることにも成功しています。また、各国に展開する中国メディアが中国の視点のニュースを伝えたり、大金を投じて各国の大手メディアに中国視点の意見広告や記事を掲載し、世論形成を行っています。

さらに、**カリフォルニア州選出のアメリカ民主党上院議員の補佐官を20年にわたって務めた中国系アメリカ人が、ＦＢＩの調査によって中国政府のスパイであるとされました。この上院議員は、日本の戦争責任の追及に熱心であり、アメリカ上院議員であるアメリカ人を通して日本のネガティブイメージを発信することに中国は成功させています。**現在はＦＢＩからの指摘を受けて補佐官は退職処分となりましたが、元補佐官は現在でも在米中華系組織の重鎮として、日本政府を糾弾するメッセージをアメリカから発信し続けています。カリフォルニア州において反日機運が高い素地には、彼らの存在があり、まさに輿論戦の最たるものとなっています。

メディアはニュースを伝えたり、漫画や映画、音楽などの娯楽を提供したりするだけの媒体ではなく、国家間のイメージのしのぎを削る、プロパガンダ戦争の主戦場でもあるのです。

おわりに

本書の冒頭でも記したように、安全保障とは「守る」ことです。それは国家であれ、家庭であれ、すべて同様です。童話の中の子豚たちも、現実の中の国際社会も、どのように身を守るのかに関しては、ひとつの流れがあります。

将来を担う子供たちの「教育」は、あらゆる面で国の将来への明るい希望となります。それはもちろん、個々人の望んだ将来に向けての可能性を広げるという点で意義は大きいですが、同時に彼らの基礎的学力や知識は国家にとっての潜在力という財産になります。

「教育」によって培った知識は、国の「科学技術」力に直結します。最新の技術を活用して産業、工業をリードし、次なる技術の開発を行い、その一部は最新の軍事技術にも応用されていきます。

また、教育は「文化」を育む素地にもなります。文学や芸術といった分野から、ポップカルチャーなどまで、伝統を受け継ぎ、それを発展させていくには、特化したものであるにせよ、知識の蓄積が重要となります。

そして、やはり教育によって培われた語学力を生かして「外交」を展開し、日本の国益の最大化を目指した交渉を行うことができます。その時には、日本の「文化」がソフト・パワーとして外交交渉をスムーズにしたり、相手国の国民に対して好印象の素地を築いていることが期待できます。

その上で、外交交渉や企業による個別交渉によって、「貿易」を行うことができます。一次エネルギーや食糧といった国民生活の生命線となる資源の輸入や、「科学技術」を用いて生産した加工品の輸出など、日本の繁栄を支えるのは貿易です。

軍事的にも、鉱物資源がなければ兵器の開発、生産ができず、原油がなければそれら兵器もただの展示品となってしまいます。また、外国の最新鋭兵器を輸入できるか否かも安全保障上の重要なポイントであり、それもまた外交力の腕の見せどころとなります。

おわりに

この「貿易」を経て、日本は初めて「経済」的繁栄を手にすることができます。そして、その経済的繁栄は、次なる貿易への原資となり、外交交渉におけるカードとなり、国民に文化的活動をする余裕を与えます。そしてもちろん、この経済力が最新鋭兵器の購入、開発、生産並びに日常的運用のためのベースとなり、国民に過度な負担なく、国家の安全を保障するだけの兵器を揃えることも可能となります。

この「教育」から始まり、「経済」までの相互に作用しつつも一連の流れの先に、はじめて安定的な安全保障の形が見えてきます。

一部「軍国主義的」な軍事大国では、これらの流れを無視して国家予算の大半を軍事費に投じ、大量の兵器と兵隊で周辺国を威圧していますが、それらの国家が「守る」対象はなんでしょうか。それらの国では、先程の流れを無視し、最後の「安全保障」の部分だけ一流国と並ぼう、もしくはそう見せかけようとします。

その結果、「経済」を無視し、「貿易」を無視して、国民生活、経済的恩恵から国民を引き離し、国民を守ってはいません。「文化」に割く経済的余裕はなく、国民が理性的な判断をしては困るので「教育」の拡充も行いません。国家は経済も国民も守ることなく、国家指導部を守るためにこそ軍隊を保持しています。
国民、国民生活、財産を守る、そのための安全保障の鍵は、「軍事」の世界ではなく、「教育」から始まる私たちの日常生活の豊かさという流れの中にこそあります。私たちが日々豊かに生活し、「安全保障」「軍事」の世界が遠いと感じている環境こそが、私たちの生活の安全を保障する基礎となっています。

三匹の子豚の例に戻れば、直接的にはレンガの壁と大鍋の油が狼を撃退しましたが、末弟と長兄２匹の命運は狼が現れる前から決まっていました。レンガ造りの家を造れる技術力、レンガを入手できる経済力、レンガや油を手に入れる貿易力、それらの基礎となる教養です。
私たちは日常生活の中で安全保障を実感しませんが、子供たちの学校生活も、普段観ている映画やアニメも、日本の科学技術を集めたテクノロジー製品も、点いている電気も、すべて安全保障に繋がっていきます。

幕末期の剣術家に斎藤弥九郎という人物がいます。幕末の江戸三大道場のひとつ、

おわりに

神道無念流練兵館の創設者であり、維新の三傑木戸孝允《たかよし》（桂小五郎）が塾頭を務め、門弟に高杉晋作、伊藤博文らがいました。

「力の斎藤」と呼ばれる猛稽古で知られる練兵館の創設者ですが、ただの一度も真剣を人に対して抜かなかった剣士でもあります。そんな弥九郎は「『武』という漢字は、『戈《ほこ》』を『止』めると書くのだから、争う心を持ってはいけない」という意の言葉を人生訓とします。そしてその教えは桂小五郎にも教えられ、猛稽古の道場の塾頭を務める腕を持ちながら「逃げの小五郎」と呼ばれる剣を抜かぬ志士として幕末を生きます。

しかし、剣を抜かぬことと、戦わぬことは意味が異なります。薩摩藩士の辻斬りが江戸で頻発した折、そのうちの一人を懲らしめ、これ以上続くようだと自分がいちいち首を取らなければいけないから仲間の薩摩藩士にもう止めろと伝えろ、と言い残したことが伝わっています。

これこそが「武」の神髄であり、「安全保障」の基本です。斎藤弥九郎は百人を斬った血染めの剣士ではなく、一人も真剣で斬っていません。実戦経験も戦果もありません。しかし、日々の鍛錬の中で磨かれた剣の腕は誰もが知るところであり、彼自身そのことに自信と誇りを持っていたはずです。だからこそ、彼の警告は犯罪行為を働く薩摩藩士たちにとって脅威となり、彼らの行動を変えさせるだけの強制力を持ちました。剣を抜かず、人を斬らずに、斎藤弥九郎の剣は彼自身の、そして江戸市中の安全を保障しました。

このことは現代の安全保障にも、日本の安全保障政策にも通ずるものがありますし、見習うべき教訓だと思います。アメリカ軍やロシア軍のような実戦経験を経た実力ではなく、自衛隊が持つ抑止力は最新兵器と日々の訓練が培う実力の先にあります。そしてそれは行使することを前提とするのではなく、その実力ゆえに侵略を試みる敵性勢力に対して、その試みを断念させるものであるべきでしょう。

そのための前提を築くためにこそ、日本は経済的繁栄、知識的成長、文化的成熟を実現しなければならず、その出発点は、常に次世代を育てる教育となります。

最後に、本書の企画時から編集まで担当して下さったワニブックスの大井さんと、イラストの企画を思い付いた時に、快くイラストを描いて下さった K-ing 氏に感謝を述べたいと思います。

おわりに

主要参考文献

◎防衛省編集『平成30年度版　日本の防衛　防衛白書』
◎朝雲新聞社編集局『防衛ハンドブック２０１８』
◎防衛大学校安全保障研究会編著　武田康裕、神谷万丈責任編集『安全保障学入門』亜紀書房（２００３年）
◎アルフレッド・Ｔ・マハン　井伊順彦訳　戸高一成監訳『マハン海軍戦略』中央公論新社（２００５年）
◎マクレガー・ノックス、ウィリアムソン・マーレー　今村伸哉訳『軍事革命とＲＭＡの戦略史』芙蓉書房出版（２００４年）
◎中村好寿『軍事革命（ＲＭＡ）』中央公論社（２００１年）
◎山田吉彦『日本の国境』新潮社（２００５年）
◎岩下明裕『北方領土問題』中央公論社（２００５年）
◎伊藤哲夫『教育勅語の真実』至知出版社（２０１１年）
◎加藤ジェームズ『日本人が知らない日本の安全保障』毎日コミュニケーションズ（２０１１年）
◎加藤ジェームズ『教科書から読み解く日本の未来』マイナビ（２０１２年）
◎ウォルター・リップマン　掛川トミ子訳『世論（上）・（下）』岩波書店（１９８７年）

◎ウォルター・リップマン　河崎吉紀訳『幻の公衆』柏書房（２００７年）

◎ガブリエル・タルド　稲葉三千男訳『世論と群衆』未來社（１９６４年）

◎アンヌ・モレリ　永田千奈訳『戦争プロパガンダ10の法則』草思社（２０２１５年）

◎Joseph S. Nye, Jr., Bound to Lead: the changing Nature of American Power, Basic Books, 1990

◎Joseph S. Nye, Jr., Understanding International conflicts: An introduction to Theory and History, HarperCollins, 1993

◎Joseph S. Nye, Jr., Soft Power: The Means to Success in World Politics, Perseus Books Group, 2004

◎George F. Kennan, American Diplomacy, 1900-1950, University of Chicago Press, 1951

◎Hugh Byas, Government by assassination, Alfred A. Knopf, 1942

◎Robert M. Axelrod, The Complexity of Cooperation, Agent-based Models of Competition and Collaboration, Princeton University Press, 1997

◎A.F.K. Organski and J. Kugler, The War Ledger, Chicago University of Chicago Press, 1980

◎The Military Balance 2018, IISS, 2018

◎World Energy Balance 2017, IEA, 2017

加藤ジェームズ

James Kato

1978年東京都生まれ、ロサンゼルス育ち。高校卒業後日本に帰国し、横浜国立大学卒業、東京大学大学院学際情報学府博士課程単位取得退学。国際安全保障をメディアの観点から研究している。2003年には修士論文『米国の満州観』で東洋英和女学院大学長野賞を受賞。2006年に産経新聞社『わたしの正論』で第二回年間賞を受賞。著書に『教科書から読み解く日本の未来』、『日本人が知らない日本の安全保障』（ともにマイナビ新書）など。

国境《こっきょう》を守《まも》る7つの道《みち》

2019年7月5日　第1刷発行

著　者　加藤ジェームズ

発行者　横内正昭
編集人　内田克弥
発行所　株式会社ワニブックス
〒150-8482
東京都渋谷区恵比寿4-4-9 えびす大黒ビル
電　話　03-5449-2711（代　表）
03-5449-2734（編集部）
ワニブックスHP　http://www.wani.co.jp/
WANI BOOKOUT　http://www.wanibookout.com/

STAFF
装丁・本文デザイン　中村勝紀（TOKYO LAND）
イラスト　K-ing
校　正　東京出版サービスセンター
編　集　大井隆義（ワニブックス）

印刷所　株式会社 光邦
製本所　ナショナル製本

定価はカバーに表示してあります。

落丁本・乱丁本は小社管理部宛にお送りください。送料は小社負担にてお取替えいたします。

ただし、古書店等で購入したものに関してはお取替えできません。

ISBN 978-4-8470-9817-8